Jean RICHEPIN
de l'Académie Française

Proses
de Guerre

(Août 1914—Juillet 1915)

PARIS
ERNEST FLAMMARION, ÉDITEUR
26, Rue Racine, 26

Quatrième Mille.

JEAN RICHEPIN

de l'Académie française

PROSES DE GUERRE

(Août 1914 — Juillet 1915)

PARIS

ERNEST FLAMMARION, ÉDITEUR

26, RUE RACINE, 26

Droits de traduction, d'adaptation et de reproduction
réservés pour tous les pays.

PRÉFACE

—

Je viens de relire en épreuves les pages composant ce livre, et qui furent écrites au jour le jour, ici et là, sous la dictée même des événements en quelque sorte, depuis tantôt une année déjà que dure la guerre.

J'ai apporté de mon mieux, à cette besogne spéciale, toute l'attention scrupuleuse qu'exige notre métier, et aussi tout le sang-froid dont l'esprit reste capable encore parmi tant d'angoisses publiques et privées où vit chacun de nous, quelle que soit sa profession.

Il m'est donc permis d'espérer que je vais pouvoir présenter ce livre à ses lecteurs assez impartialement, et presque comme s'il était d'un autre que moi.

Les pages m'en ont paru le plus souvent fiévreuses, violentes, colères, exaltées. Jusque dans les raisonnements, on y sent le souffle tumultueux de la passion, et que le verbe voudrait s'achever en cri,

a

et que le cri souffre de ne pouvoir s'achever en geste. Ce n'est que de la parole, hélas! à une heure où il ne saurait y avoir d'éloquent que l'acte.

Telles quelles, cependant, ces pages, en dépit de leur impuissance à faire plus, et malgré la conscience du peu qu'elles sont au prix de tout ce que l'on fait en réalité, il ne me semble pas absolument inutile de les réunir sous forme de livre.

Et d'abord, ne fût-ce que par leur fièvre, leur violence, leur colère, leur exaltation, leur passion, qu'ont dictées les événements eux-mêmes, elles ont une valeur de témoignage. Ce témoignage, rendu au jour le jour, à l'improviste, sans hésitation, devant les choses posant leur interrogatoire tragique et forçant d'y répondre sur-le-champ, on s'est bien gardé d'y changer quoi que ce soit. On l'a laissé subsister comme il s'est produit, en pleine sincérité, tout à trac.

D'autre part, il faut bien reconnaître que le poète est par essence, qu'il le veuille ou non, pareil au chef du chœur dans le drame antique, c'est-à-dire le porte-voix de ce chœur en qui vit, souffre, rêve et pense tout le monde. Il a beau s'imaginer qu'il dirige ce chœur, il ne fait que le suivre. Il en est le truchement. Il a pour fonction de trouver et de dire les mots traduisant au net ce que les autres éprouvent obscurément sans pouvoir toujours l'exprimer.

Eh! bien, dans les pages que voici, beaucoup de ces autres auront peut-être quelque plaisir à revoir passer, comme en un miroir fidèle, leurs sensations, leurs idées, leurs espérances, tout ce qui a si fortement agité leur esprit et fait battre leur cœur depuis le commencement de la guerre. Peut-être aussi sauront-ils gré à ce miroir, d'avoir précisé leurs souvenirs en les fixant par le verbe écrit, qui se hausse ainsi à devenir une sorte d'acte.

Quelle que doive être, au surplus, l'opinion des lecteurs sur ces pages, l'auteur a du moins la certitude consolante d'y avoir employé toutes ses forces, si modestes soient-elles, à combattre le bon combat en faveur de ces trois choses : la foi dans la victoire finale, la nécessité qui nous oblige à vouloir que cette victoire finale soit une victoire définitive, et la haine implacable dont il faut nourrir sans trêve ce vouloir tenace, entier, absolu, jusqu'au bout et à n'importe quel prix.

A coup sûr, pour les civilisés que nous sommes, en qui le culte de la justice et de la charité a mis quatre mille ans à devenir une seconde nature, ou plutôt notre seule nature, pour notre cœur trop plein, comme dit Shakespeare, du lait de l'humaine tendresse, pour notre pur et noble idéal d'amour entre tous les habitants de cette misérable terre, à coup sûr il est affreux d'en arriver là, et de précher, nous, un tel Évangile de haine, dont la conclusion fatale est l'extermination d'une race; mais, c'est notre amour même de la paix entre toutes les races, qui nous en fait un droit et un devoir, de la condamner à n'être plus, cette race en exécration à toutes les autres, cette race en régression vers la barbarie bestiale où elle veut ramener le monde, cette race démente, tellement au-dessus de tout, selon son dire, qu'elle a fini par en être au dehors, en somme, oui, au dehors de tout, et notamment de l'humanité.

             J. R.

PROSES DE GUERRE

(Août 1914 — Juillet 1915)

15 août.

I

Première opinion sur la guerre.

Dans les premiers jours d'août 1914, le *Petit Parisien* avait ouvert une enquête en vue de recueillir des opinions et impressions sur la guerre de délivrance qui, alors, venait de commencer; à la question posée je répondis par ce billet :

« Ce que je pense de la guerre actuelle ? Voici :

« Le scélérat qui l'a déchaînée doit porter dans l'histoire ce nom : l'*Empereur Bonnot*. Et je demande pardon à Bonnot de cette comparaison qui le déshonore. »

1

II

Lettre au général Galliéni

GOUVERNEUR MILITAIRE DE PARIS

Paris, 5 septembre.

Mon Général,

La dernière fois que j'ai eu l'honneur de vous serrer la main, nous présidions côte à côte le banquet des Anciens Enfants de troupe. Car nous en sommes tous deux, de ces *enfants de giberne*, et fiers d'en avoir été! Nous sommes, du reste, de la même classe, nés en 1849; et il nous fut doux, ce soir-là, de nous rappeler notre adolescence en culotte rouge, nos premières études à l'école régimentaire, sous les plis du drapeau.

Il y a huit jours, j'étais aux champs, remplissant mes devoirs de maire. Soudain, j'ai entendu qu'ici l'on *battait aux champs*; Paris était menacé, mais tranquille, puisqu'il vous avait à sa tête. Et je suis venu tout de suite, avec ma femme et mes deux plus jeunes fils. Les deux aînés sont partis déjà. C'est ici, mon général, que je les attendrai, ici, sous vos ordres, avec cette consigne que vous avez donnée si simplement à Paris, et que Paris saura remplir comme vous la lui avez donnée, *jusqu'au bout.*

Je vous salue, mon général, mon ancien confrère, notre chef, et je n'ai aujourd'hui qu'un regret : c'est de ne pas l'avoir suivie jusqu'au bout, la carrière que nous avons commencée ensemble jadis en culotte rouge.

JEAN RICHEPIN,
de l'Académie française,
ancien enfant de troupe.

11 septembre.

III

Aux jeunes.

Certes, ce n'est pas vous qui avez besoin de réconfort, jeunes soldats des dernières classes, vous qui venez d'être appelés et serez bientôt instruits, et vous qui, devançant l'appel, impatients de recevoir le baptême du feu, en portez déjà le hâle sacré sur vos fronts qui n'ont pas vingt ans ! Vous êtes les fleurs les plus éclatantes et les plus tendres du bouquet d'héroïsmes qui s'épanouit sur le cœur de la patrie envahie.

Et tout le monde vous salue avec orgueil, avec
respect, avec amour; et dans les yeux qui vous
regardent partir il ne saurait plus y avoir de
larmes, même dans les yeux des mères, tant
votre sort est glorieux, radieux, digne d'envie, ô
défenseurs de la Mère suprême, ô nos fils, nos
petits-fils, nos enfants, nos Benjamins, ô régi-
ments des Dauphins de France !

Je ne vous ferai donc pas l'injure de paroles
encourageantes dont sourirait votre bravoure.
Permettez-moi seulement de vous verser comme
un coup de « riquiqui », en vous apprenant une
petite prière qui exaltera encore votre enthousiasme, qui vous reposera aux heures d'excessive fatigue, qui vous rafraîchira quand il fera
par trop chaud sous les balles et la mitraille.

Oh ! c'est une prière que peuvent dire tous les
croyants, de n'importe quelle foi, et même ceux
qui ont pour religion unique la foi dans le pays.
C'est le serment magnifique prêté par vos frères,
les jeunes hommes d'Athènes, à leur vingtième
année, quand ils devenaient soldats.

Ils le prêtaient en présence des pères et des
mères, entre les mains des magistrats, sans
emphase inutile, très simplement, et le disaient
par cœur, mais du fond du cœur, comme vous le
saurez et le direz, jeunes Français, ô Athéniens

d'aujourd'hui, qui vous battez aussi pour l'humanité contre les Barbares.

Voici les mots que prononçait l'adolescent changé en homme, et par lesquels cet homme se sentait changé en héros :

« Je m'engage à obéir aux lois, à respecter la foi de mes ancêtres, à ne point déshonorer mes armes, à ne jamais abandonner mon compagnon de rang dans la bataille, à combattre jusqu'au dernier soupir pour défendre le sol de la patrie, et à laisser enfin mon pays en meilleur état que je ne l'ai trouvé. »

Apprenez-les, ces simples mots, qu'ils se gravent en traits de flamme au meilleur de votre être, qu'ils soient votre prière du matin et du soir, ô jeunes soldats, ô vainqueurs du sublime Marathon qui s'apprête pour demain, à la honte de la Barbarie écrasée, à la gloire de la France, libératrice du monde !

Au Marathon de l'antiquité, assistait comme jeune soldat le poète qui devait être plus tard le grand Eschyle, le plus grand des tragiques grecs, celui que Victor Hugo a nommé *Shakespeare l'ancien*. A la fin de sa longue et glorieuse vie, après avoir écrit plus de cent drames, Eschyle fit lui-même son épitaphe, et il n'y mentionna

aucun de ses triomphes, estimant à juste titre
que son unique triomphe avait consisté à être un
des combattants de Marathon.

« Ce monument, dit l'épitaphe, recouvre
Eschyle, fils d'Euphorion, Athénien. S'il fut
brave, le bois sacré de Marathon et le Mède aux
longs cheveux en savent quelque chose. »

Eh bien! cette splendide épitaphe, la plus belle
qu'un homme puisse avoir sur sa tombe, chacun
de vous, ô jeunes soldats, peut et doit la rêver
pour ses vieux jours. Il suffit que chacun de vous
prête le serment du jeune Athénien, et le sache
et le répète comme une prière, du fond du
cœur et à plein cœur.

Et c'est ce que vous faites, n'est-ce pas, ce
que vous avez fait déjà en partant, ô jeunes soldats qui aviez d'instinct ce serment dans l'âme,
même sans en connaître la formule? Et voilà
pourquoi vous serez les vainqueurs du Marathon
de demain, et pourquoi tout le monde vous salue
avec orgueil, avec respect, avec amour, et pourquoi enfin il ne saurait y avoir de larmes dans
les yeux qui vous regardent partir, même dans
les yeux des mères!

____

15 septembre.

IV

Taïaut! Taïaut!

Sans doute elle n'est pas encore à bas, elle n'est pas même encore forcée, reconduite jusqu'à sa bauge et près d'y être *servie* au couteau, la Bête féroce, la Bête enragée, qui nous avait sauté à la gorge. Aussi, n'est-ce point son hallali que je sonne.

Mais elle a commencé à reculer, quand même. Elle ne fait plus tête. Elle est en fuite. Au lieu de son mufle hideux, dont les crocs avaient déchiré des corps de vieillards, de femmes et d'enfants, au lieu de cette gueule qui rugissait notre extermination comme si elle était pour nous la trompette du jugement dernier, ce qu'elle nous montre depuis hier la Bête féroce, la Bête enragée, la Bête immonde, c'est son train de derrière.

Et voilà pourquoi, vers sa fuite qu'il s'agit de changer en déroute, vers sa déroute qui doit devenir la débâcle, dans le ciel où nous sourit enfin une aube de victoire, nous pouvons nous permettre de crier joyeusement : « Taïaut! Taïaut! »

Ah! en d'autres temps, de quelles acclamations triomphales, à pleins poumons, on l'eût saluée, cette aube de victoire, une bataille comme cette splendide bataille de la Marne, qui rejette l'envahisseur à cent kilomètres en arrière! Avec quelle ivresse d'enthousiasme on eût célébré ces vaillants, ces héros, promus grognards après six semaines de campagne! Et de quelles auréoles en gloire flamboyante on eût couronné le front de leurs généraux, demeurés anonymes jusqu'à l'heure suprême où leur chef a bien été obligé de dire leurs noms pour les étoiler de la grand'croix au cordon rouge?

Qu'importe, d'ailleurs! Puisque la consigne, aujourd'hui, est de rester calme, dans l'exaltation comme au feu, observons-la! Notre émotion et notre joie n'en furent pas moins profondes, pour avoir dû se contenir, silencieuses. Et c'est avec un respect d'autant plus grand, presque religieux, avec une gratitude et une certitude d'autant mieux confirmées, que nous avons lu, non pas sur les murs et en larges affiches, mais dans un coin de notre journal, le lapidaire ordre du jour où Joffre nous annonçait hier, simplement, que la bataille de la Marne s'achevait en une victoire *incontestable*.

Et maintenant que nous l'avons bien observée,

la consigne de rester calmes et muets, maintenant que nous avons strictement obéi au grand
Taciturne, maintenant que nous avons été bien
sages, laissez-nous un peu, ô chef, dégonfler nos
cœurs, gros d'enthousiasme comprimé, débor-
dants d'espérance! Puisque c'en est une, de victoire, *incontestable*, et belle, et sublime, puisque
vous l'avez remportée, puisque vous voulez
sûrement et que nous voulons avec vous la
pousser jusqu'à ses dernières conséquences,
puisque la Bête féroce, la Bête enragée, la Bête
immonde, capable peut-être de revenir nous
menacer encore, se sauve pour l'instant, laissez-
nous en être heureux et le manifester, et crier
à ses trousses, joyeusement : « Taïaut! Taïaut! »

Car nous sommes les descendants des victo-
rieux d'Iéna, qui ont su alors la poursuivre, la
Bête, et changer sa fuite en déroute et sa
déroute en débâcle; car nous avons soif de faire
comme eux; nous avons soif, avec nos braves
petits pioupious promus grognards en six
semaines, avec nos réservistes et nos territo-
riaux envieux de ces jeunes grognards, avec nos
alliés les Belges sublimes, les Anglais tenaces,
froids et superbes, les Russes poussant vers
Vienne et Berlin leurs inépuisables cataractes
d'hommes, et avec le noble roi Albert et le Tsar

magnanime, et avec nos généraux illustres depuis hier, et avec vous-même, ô futur maréchal, nous avons soif de venger nos morts et les innocentes victimes massacrées par des bandits, et de punir les incendiaires qui ont ruiné Louvain, et de faire rendre compte et rendre gorge au Kaiser-Bonnot, au cabotin d'Apocalypse qui se croit l'envoyé de Dieu pour avoir déchaîné cet curagan de Barbarie sur la civilisation des Etats-Unis d'Europe.

Laissez-nous donc, derrière la Bête qui se sauve, et pour affoler encore sa fuite, laissez-nous crier joyeusement notre : « Tataut ! Tataut ! » jusqu'au jour prochain où elle sera tapie dans sa bauge, à plat ventre dans ses marécages, demandant grâce sans que personne la lui octroie, haïe et méprisée du monde entier, qui rira de la voir fouaillée par la nagaïka des Cosaques et *servie* à la baïonnette par les Turcos !

V

Cynégire.

Et celui-là aussi, comme le poète Eschyle, dont il était le frère et dont je citais naguère la splendide épitaphe, celui-là aussi, Cynégire, fils d'Euphorion, Athénien, fut un des héros de Marathon, de cette première et sublime victoire remportée voilà deux mille quatre cent quatre ans, par la civilisation méditerranéenne sur la Barbarie venue de l'Est.

Certes, l'époque en est lointaine; mais les âmes d'alors et celles d'aujourd'hui sont sœurs. Un même idéal les exalte. Et puisque nous sommes sans nouvelles précises du dernier Marathon qui se livre sur l'Aisne, achevant le Marathon de la Marne, parlons de ce héros antique, sans crainte de manquer à *l'actualité*. C'est encore une façon de glorifier les nôtres, qui lui ressemblent, et dont les hauts faits, on va le voir, égalent et même surpassent, osons le proclamer, les plus beaux traits de l'histoire grecque, voire de sa légende.

Car on le donne quasi pour légendaire, l'ex-

ploit de Cynégire, tant il fut merveilleux ! Sous
prétexte qu'Hérodote ne l'enregistre point, la cri-
tique savante le traite volontiers de fable. Et
pourtant l'historien Justin le narre dans tous ses
détails, et l'antiquité entière l'admira, et on
l'apprenait encore par cœur dans nos classes
nommées si joliment d'*humanités*, et j'y crois
toujours, et dur comme fer, et plus que jamais,
et de tout mon cœur, puisque à l'heure présente
c'est la France elle-même qui avec tous ses
enfants renouvelle ton exploit, ô Cynégire !

Les Perses, vaincus par Miltiade à Marathon,
fuyaient devant les Athéniens, et tâchaient de
regagner leurs galères, ainsi qu'aujourd'hui les
Allemands, vaincus par Joffre sur la Marne, fuient
devant les Anglo-Français, et tâchent de regagner leurs forteresses du Rhin pour s'y mettre à
l'abri.

Et voici ce que fit, à leur poursuite, Cynégire,
frère d'Eschyle, fils d'Euphorion, Athénien !
Ecoutez le récit, commencé par Hérodote, achevé
par Justin, et non pas une fable de légende,
mais un fait réel, authentique, possible, pour
vous du moins, ô soldats de la Marne et de
l'Aisne, pour vous qui le prouvez tel en le res-
suscitant chaque jour depuis douze jours!

Une galère des Perses essayait de quitter le

rivage où sa poupe était ensablée. Cynégire saisit le mâtereau de la poupe avec son poing droit, et s'y accroche de toutes ses forces. Un coup de hache lui tranche le poignet droit. Il s'agrippe au mâtereau de son poing gauche. On lui abat le poignet gauche. Alors, dans le bois de la poupe, il plante ses dents. On lui coupe le cou. Qu'importe! Sa tête reste, la mâchoire serrée, mordant toujours la galère dont elle a fait sa proie.

Ainsi vous vous accrochez, vous vous agrippez, aux Allemands en fuite, ainsi vous les mordez, les retenez, en faites votre proie, ô soldats de la Marne et de l'Aisne, ô nos héros tenaces, insistants, acharnés, jamais las, ô innombrables Cynégires qui ne lâchez pas le mâtereau des galères en débandade, qui saurez y sacrifier le poing gauche après le poing droit, qui n'aurez point peur d'y planter vos dents s'il le faut!

Et le miracle de la légende antique, vous en faites un miracle de tous les instants, vous autres! Les poings, au bout de vos bras, repoussent comme des branches. Ce n'est pas une tête que l'ennemi devrait trancher pour pouvoir fuir. C'est toute une moisson de têtes qui se dresse derrière lui, montrant les dents.

Et ces têtes, ô nos vaillants petits soldats, ne se contentent pas de montrer les dents pour mordre ; elles rient, en même temps, ces belles dents blanches ; elles rient dans des bouches qui chantent.

Ce qu'elles chantent, ces bouches d'où s'envole la *Marseillaise*, ce n'est pas seulement la délivrance prochaine du sol envahi, le châtiment dû aux égorgeurs de femmes et d'enfants, aux incendiaires de fermes, de bibliothèques et d'églises ; c'est aussi la victoire nouvelle de la civilisation méditerranéenne sur l'atroce Barbarie venue de l'Est, c'est l'extinction des ténèbres voulant submerger la lumière, c'est le suprême et définitif Marathon après lequel, grâce aux Cynégires de jadis et d'aujourd'hui, la France pourra enfin, selon la belle parole de Michelet, *déclarer la paix au monde!*

22 septembre.

VI

L'exemple.

Que de fois, dans la vie ordinaire, on se trouve embarrassé, même avec la meilleure volonté du monde, pour bien remplir son devoir, faute d'exemple qui vous dise clairement en quoi ce devoir consiste !

Personne aujourd'hui n'a plus cette excuse à ne point faire tout ce qu'il doit faire, dans la vie héroïque, intense et sublime que nous sommes tous forcés de vivre, du plus grand au plus petit.

Car il est partout, il se dresse de partout, comme un flambeau de clarté aveuglante, comme un geste d'ordre impérieux, comme un·clairon sonnant la charge, comme une épée de chef entraînant ses hommes à l'assaut, oui, tel on le voit dans tous les coins de notre ciel, ce divin *labarum*, ce semeur d'espoirs, cet annonciateur des victoires définitives, l'Exemple!

Il nous est donné d'abord par nos admirables soldats, qui livrent coup sur coup des batailles d'une semaine, et qui les gagnent pied à pied, et que la résistance acharnée de l'ennemi rend plus acharnés eux-mêmes, plus confiants en leur élan irrésistible, au point que les blessés ont le cœur gonflé de ce désir unique : repartir!

Il nous est donné aussi, l'exemple, par ces généraux patients, tenaces, discrets, dont le génie tactique et stratégique ne demande aucune réclame vaine, et même exige le silence sur leurs hauts faits, tant qu'ils n'auront pas accompli le dernier en *boutant* l'envahisseur hors de France !

« Ne discutez pas leurs plans, nous crie l'obéissance joyeuse des soldats, pas plus que nous ne discutons, nous autres, leurs ordres. Même quand ils nous commandaient en arrière, nous savions bien que c'était pour revenir mieux en avant. »

Et voilà, en effet, la première et haute consigne que nous impose, à nous qui tenons, hélas ! une plume au lieu d'un fusil, l'exemple de ces soldats et de leurs chefs.

Et soyons patients, tenaces, discrets, et en même temps acharnés, comme ils sont, généraux et soldats, tel est le devoir que nous dicte à tous leur exemple.

Oh ! oui, acharnés surtout ! Acharnés dans la haine de ces brutes qui voulaient notre extermination, et que nous devons nous jurer d'exterminer, coûte que coûte, jusqu'à la dernière goutte de leur sang.

Non pas, toutefois, en prenant exemple sur leurs crimes, en leur rendant la monnaie de leurs hideuses pièces, en massacrant des femmes, des vieillards, des enfants, en incendiant leurs cathédrales comme ils viennent d'incendier celle de Reims, les Vandales !

Cet exemple-là, nous autres qui sommes des hommes, nous ne le prendrons pas à ces anthropoïdes.

Ils nous en donnent cependant un, que nous

avons le droit et le devoir de suivre, c'est d'être implacables, sans pitié ni merci!

Gaulois et Latins, ne soyons pas plus sensibles, plus tendres qu'il ne faut, envers ces scélérats féroces aux exploits d'apaches. Quand ils cessent d'agir en soldats, ne leur faisons plus l'honneur de les traiter en soldats.

A ceux d'entre eux pris en flagrant délit de monstrueuse bestialité, appliquons sans aucun remords le talion qu'ils méritent. Et nous, les poètes, les prêcheurs de bonté, d'humanité, ayons le courage de crier à pleine voix qu'ils sont hors de l'humanité, à son ban, ces faux civilisés plus barbares que les anciens Barbares, ces bipèdes pédants redevenus d'abominables singes en régression, sortes de gorilles à lunettes!

L'officier prussien blessé qui, l'autre jour, dans une de nos ambulances, crachait au visage de l'infirmière venant de panser sa blessure, ne craignons pas d'affirmer que l'on aurait dû lui faire demander pardon, à genoux devant la noble femme, en présence de prisonniers allemands.

Ah! qu'il eût été bon à donner, celui-là, d'exemple! Et combien j'eusse aimé en être l'exécuteur, et pouvoir dire à ce goujat, froidement et les yeux dans les yeux :

« Au lieu d'une Sœur de la Croix-Rouge, mon-

sieur le mufle, vous aurez désormais, pour panser votre blessure, un gorille en cage avec vous!

————

VII

Les taupes.

« Alors, quoi? me disait hier un vieil ouvrier
de mes amis, resté gamin malgré notre âge, alors
quoi? Ils en ont donc assez de jouer au petit
oiseau avec leurs *taubes* : et ce qu'ils jouent au
jour d'aujourd'hui, et nature, c'est les *taupes*! »

Et, ma foi, oui, voilà le mot de la situation,
sur cette bataille de l'Aisne, qui en est à son
dixième jour : nous nous battons maintenant
contre des taupes.

Ces avale-tout-cru, qui devaient être à Paris
dans les premiers jours de septembre, l'armée
anglo-française les tient désormais devant elle,
terrés dans des tranchées, avec abris-refuges,
chemins couverts, redans, contrescarpes; et
cette muraille de la Chine, où ils attardent pour
quelque temps encore leur fuite inévitable, c'est
nous qui en faisons le siège.

Toute place assiégée, affirme un adage militaire, est fatalement condamnée à être prise, si aucun secours ne peut lui venir de l'extérieur. Et celle-ci a beau être une forteresse dont le front s'étend sur des centaines de kilomètres, comme elle a son plein de garnisaires, comme rien ne saurait lui en ajouter de nouveaux, comme on lui en démolit chaque jour des pelotons et des pelotons, il faudra bien que la taupinière s'effondre, ou se rende, et que les taupes se sauvent ou crèvent dedans.

Oh ! sans doute, ce sera encore long, et dur. Les taupes sont en nombre et elles sont devenues des taupes enragées. La fureur d'avoir raté leur fameuse attaque brusquée, d'avoir été ramenées en arrière tambour battant et nos baïonnettes aux reins, la honte des drapeaux perdus, de la garde impériale décimée et en déroute, en font et en feront de plus en plus des bêtes affolées, sauvages, féroces, des fauves.

Aussi, avant de se terrer, ont-elles essayé encore de nous prouver qu'elles étaient capables de tous les forfaits, des pires scélératesses, et qu'ayant incendié et bombardé la cathédrale de Reims, elles tireraient sur le Bon Dieu en personne s'il apparaissait devant leurs monstrueux mortiers. Mais leur dernier crime, qui a fait horreur au monde entier, n'a pas fait peur à nos petits soldats.

Ils n'en sont que plus ardents à la chasse des mauvaises bêtes. Pied à pied, depuis dix jours, et autant de jours qu'il y faudra, on les repousse dans leurs trous, on les y repoussera sans trêve, on les en délogera, ou bien on les y logera pour jamais.

Taupes enragées devenues des fauves, ce ne sont plus quand même que des taupes affolées au fond de leurs taupinières. Hardi, nos petits soldats! Hardi, hardi, les bons taupiers!

Pourquoi se sont-ils ainsi terrés, et comme enterrés d'avance eux-mêmes, ces soi-disant invincibles, ces prétendus *surhommes* changés en taupes, pourquoi leurs chefs aux plans avortés leur ont-ils infligé cette fin plus piteuse encore que tragique? Ils ne le savent seulement pas, les imbéciles! Il faut le leur dire, pour que leur agonie prochaine en grince des dents parmi ses râles.

Si on les sacrifie de la sorte dans les fossés où ils auront leurs fosses, si on les en fait sortir de temps en temps par masses compactes que fauche notre 75 et que nos petits soldats lardent à la fourchette, c'est pour complaire à la vanité démente du dégénéré qui est leur empereur, et pour *assurer les derrières* (style tactique) de son fils, le kronprinz au museau de fouine sanguinaire et sadique, plus hideux encore que le père.

Il faut que le Kaiser puisse mentir une fois de plus, une dernière fois, en affirmant que les troupes ont quitté le sol français après une résistance héroïque, que l'*agence Wolff* maquille en quelque chose qui ait l'air d'être un semblant de victoire.

Et il faut aussi, et surtout, que la fouine trouve le temps et la route de se défiler jusqu'à Metz, pour y assurer définitivement ses *derrières*, ses précieux derrières menacés par tous les coups de pied de notre haine.

Faites-le donc, ô taupes, ce jeu de votre Kaiser et de son immonde rejeton! Faites-le, mais en sachant du moins que vous le faites, et pleurez-en de rage!

Et qu'ils le sachent aussi, nos petits soldats, et qu'ils s'en tordent de rire, les bons taupiers, en vous crevant la peau joyeusement, ô lamentables taupes!

VIII

Les tentacules.

Non, certes, nous n'essaierons pas de l'enfreindre, la dure mais nécessaire consigne qui nous condamne au silence et qui étouffe dans nos gorges les cris de victoire prêts à en jaillir. Non, nous ne ferons aucun commentaire sur la gigantesque bataille que livrent nos héros depuis seize jours ; et, dût-elle se prolonger des jours et des jours encore, nous saurons en lire à bouche close les bulletins laconiques.

Tout de même, nous ne pouvons taire ce que nous éprouvons impérieusement à les lire. Si nos bouches restent muettes, nos yeux parlent malgré nous. Et non seulement nos yeux, mais tout notre être, et nos âmes, et nos artères où nous sentons battre et courir un sang plus libre d'heure en heure.

Car voici que nous percevons, de plus en plus nettement et sûrement, combien se desserre l'étreinte des hideux tentacules jetés autour de nous par la pieuvre germanique.

Ah ! c'est bien comme la pieuvre qu'elle nous

avait attaqués, l'ennemie héréditaire! Son véridique portrait, il est tout au long dans les *Travailleurs de la Mer*, où le grand visionnaire Hugo a dépeint ce monstre, à la fois réel et fantastique, ce cauchemar vivant, dont les huit tentacules sucent le sang de sa proie par quatre cents ventouses, avant d'en absorber le cadavre dans son abominable gueule, tout ensemble bouche et anus.

Comme la bête d'Apocalypse contre laquelle se défend Gilliatt, l'Allemagne avait commencé, il y a quarante-quatre ans, à prendre racine chez nous, par la moitié de ses tentacules, avec ses espions, ses commerçants et ses industriels en camelotes, ses garçons d'hôtel, ses employés, ses gouvernantes de nos enfants, toute cette avant-garde hypocrite de uhlans et de uhlanes installés dans nos demeures en pleine paix et y préparant les cambriolages, les assassinats et les incendies. Ainsi, la pieuvre s'agrippe, avant d'assaillir sa future victime.

Puis, de ses derniers tentacules, avec son armée aux masses compactes, aux plans orgueilleux, aux ventouses paralysantes, elle avait tenté l'attaque *brusquée*, la poussant d'un coup jusqu'au cœur même de la France, jusqu'à Paris qui devait être la proie, vaincue par surprise, vouée à la bouche-anus du monstre.

Mais le premier lancé, de ses suprêmes tentacules assurant la victoire, s'accrocha et se
déchira aux crocs de l'héroïque lion belge. Et la
pieuvre, pâle de rage, les yeux hagards, n'en
avait plus que sept, de ses tentacules.

Et, aujourd'hui, des sept, combien en reste-
t-il après les coups de griffes dont les a labourés
le léopard anglais, après les coups de bec qu'y
a plantés le coq gaulois?

Ne cherchons pas encore à le savoir, obéissons
sans plainte à la consigne nécessaire du silence.
Demain, après-demain, bientôt, mais certainement, nous allons en apprendre le compte, des
ventouses qui ne peuvent plus sucer le sang,
des tentacules qui ont été tranchés, arrachés, et
de ceux qui tiennent encore à la tête du monstre,
mais qui retombent autour, inertes, sans ressort,
pareils à des algues inoffensives.

En attendant qu'on nous l'apprenne, ce
compte, et que nous puissions crier notre joie,
jouissons de sentir l'étreinte qui se desserre, de
la certitude où nous sommes qu'elle va se relâ-
cher chaque jour davantage, que c'est la récompense due à nos héros de petits soldats et à
leurs chefs, à nos alliés, aux frères belges, aux
frères anglais, aux frères russes qui achèveront
notre œuvre!

Mais disons-nous aussi, et surtout, que l'œuvre, une fois achevée, ne sera pas achevée encore, même si tous les tentacules de la bête sont à bas, tranchés, arrachés, vidés!

Car la pieuvre germanique, ne l'oublions pas, ne l'oublions plus, a cette supériorité sur l'autre, que ses tentacules, à elle, sont comme ceux de l'hydre, capables de repousser, même si on les coupe à la racine.

Jurons-nous donc de détruire jusqu'à cette racine, afin qu'il n'en puisse plus jamais jaillir de tentacules nouveaux! Jurons que jamais plus il n'y aura en France aucun Allemand pareil à ceux qui servirent pendant quarante-quatre ans d'espions et de préparateurs à une invasion allemande, commerçants, industriels, employés, ouvriers, garçons d'hôtel, gouvernantes!

Et pour être tout à fait assurés que ces tentacules de la pieuvre germanique ne repousseront plus, jurons d'en finir avec cette pieuvre-là, comme Gilliatt en finit avec la sienne, comme les pêcheurs bretons et normands en finissent, comme je l'ai fait moi-même tant de fois avec les leurs, aux belles heures où j'étais matelot.

Quand on veut en finir avec la pieuvre, voici comment on s'y prend. D'un coup de couteau en rond, on trace un cercle autour de la tête, et l'on extirpe cette tête comme un noyau. Et alors, le monstre entier, que l'on retourne d'un tour de main, n'est plus, malgré ses huit tentacules et ses quatre cents ventouses, qu'une loque de gélatine, vide et flasque.

2 octobre.

IX

A nos frères Belges.

Près du moment où va sonner l'Angelus purifiant enfin notre ciel souillé par la race immonde, c'est à vous tout d'abord que je pense, ô noble race de nos frères Belges, ô nos Anges gardiens de la première heure, ô vous dont le riche et heureux pays s'est offert tout d'abord si généreusement en sacrifice et a subi le plus épouvantable martyre pour notre salut!

A vos carillons aussi, à ceux que les Vandales ont laissés debout, sonnera bientôt l'Angelus libérateur et vengeur. Nous en serons avec vous les carillonneurs reconnaissants. Tant qu'il restera une botte germaine sur votre sol sacré, nous ne trouverons pas que le nôtre ait le droit de se sentir libre. C'est seulement ensemble et à l'unisson que nous crierons victoire.

Tout entiers pris, chaque jour, par les angoisses de la gigantesque bataille qui dure encore, et comme absorbés dans les espérances croissantes dont elle s'illumine, nous n'oublions pas, quand même, que c'est votre admirable exemple qui nous aide à supporter ces angoisses, et que c'est votre dévouement sublime qui a semé pour nous ces espérances.

A quel prix, hélas! Nous ne le savons que trop. Nous avons vu arriver parmi nous vos pauvres réfugiés, des femmes portant leurs enfants, des vieillards, faces effarées, yeux hagards, où se lisait l'horreur des tortures souffertes et des abominations contemplées.

Et nous avons appris tous les détails de votre sacrifice et de votre martyre; et voici qu'aujourd'hui ces tableaux, dont la monstruosité pouvait paraître imaginaire tant elle était monstrueuse, l'humanité entière en va connaître et juger la hideuse réalité vécue.

Oh! quelles litanies de crimes et de bestialités sans nom, que les rapports de votre commission d'enquête sur la Barbarie germaine en Belgique! On ne saurait les lire que les yeux rouges, et en grinçant des dents, ces lignes écrites avec du sang et des larmes, larmes de rage et de pitié, sang qui appelle du sang, qui crie vengeance et qui l'aura, implacable!

Ce ne sont pourtant pas des énergumènes, les hommes graves, probes, qui les ont écrites, ces lignes.

La commission d'enquête a pour président, membres et secrétaires, un ministre d'Etat, des sénateurs, des échevins, un conseiller de légation. Elle ne cite que des faits établis sur des témoignages contrôlés. Elle n'avance rien qui ne soit authentique. Elle s'est bornée à rédiger un procès-verbal.

Je l'ai là, sur ma table, ce procès-verbal, publié par la *Métropole*, journal anversois qu'on m'a fait parvenir d'Anvers même; et il porte les signatures honorables qui en garantissent l'absolue véracité, ce procès-verbal qui est à la fois un martyrologe et un réquisitoire.

Deux pages du *Petit Journal* ne suffiraient pas à le reproduire, tant est longue la liste des atrocités commises par les brutes germaines, officiers et soldats. C'est un tissu de scélératesses et de bestialités, incendies, massacres, orgies, avec raffinements de cruauté sadique! Et le tout exécuté sur l'ordre de chefs faisant métier de bourreaux, au moyen de soldats qui sont leurs valets de torture, le tout perpétré par des gens en armes contre des gens désarmés!

Ces rapports de votre commission d'enquête, il faudra qu'on en constitue un livre de honte et de châtiment pour l'Allemagne. Quand viendra la minute de régler les comptes, il faudra que le poids de ce livre alourdisse la poignée du glaive de justice et en fasse pour la race coupable un couperet de guillotine.

Nous ne l'oublions pas, sachez-le bien, ô nos frères Belges, ô généreux et noble petit peuple qui êtes une grande nation!

En place de la fausse grande nation, qui prétendait asservir toutes les autres, et les modeler à son image de cuistres mâtinés de tortionnaires, c'est vous, ô nos frères Belges, c'est votre vaillant, loyal, généreux et sublime pays dont l'on devra ériger l'image en exemple à tous les pays!

Peuple dont l'histoire est une incessante leçon de labeur, d'indépendance, d'héroïsme, peuple dont la terre est la plus peuplée du monde, peuple où fleurissent à la fois toutes les cultures, matérielles et morales, l'industrie, le commerce, les arts et les lettres, peuple des belles cathédrales, des splendides hôtels de ville, des musées incomparables, peuple comptant parmi tes fils

le poète et philosophe Mæterlinck, qui vient de
vouer l'âme allemande à l'extermination, le
bourgmestre Max qui tient tête au Von der Goltz,
et le roi Albert qui dort dans la tranchée après
avoir fait le coup de feu avec ses soldats, ô
peuple des bons travailleurs, des grands artistes,
des braves guerriers, peuple de vrais hommes,
c'est toi qui portes en ce moment, dans tes
poings de martyr et de héros, le *palladium* de
l'humanité!

6 octobre.

X

Il ne dort plus.

Vous l'avez lue hier, ici même, en première
page de votre *Petit Journal*, au beau milieu de
la sixième colonne, cette simple nouvelle, simple
mais grosse de symboles, et que l'on aurait dû
mettre comme cocarde aux nouvelles de guerre,
en lettres majuscules :

« L'Empereur Guillaume ne dort plus. »

En vain, ajoutait l'implacable télégramme,
son état-major lui établit toujours un lit loin du
bruit des canons et des réflecteurs électriques,

le Kaiser est atteint d'insomnie persistante. Son attitude révèle une grande lassitude et une profonde dépression morale. Il passe toutes ses nuits blanches.

Nous savions déjà comment il occupait quelques-unes de ces nuits blanches. Tantôt il apparaissait soudain au seuil des chambrées où dormaient les restes éreintés et décimés de sa Garde; et là, en posture théâtrale, son unique main vivante au creux de son gilet, il tâchait de leur donner et de se donner l'illusion qu'il était le Napoléon moderne. Tantôt il courait éperdûment d'un bout à l'autre de sa Germanie, dans son train dont les dix wagons, naguère féeriquement peints en blanc et bleu clair, sont aujourd'hui lâchement maquillés aux couleurs de la Croix-Rouge. Oui, lâchement, puisqu'il se dérobe ainsi aux bombes possibles des aviateurs, comme s'il était un héroïque blessé, tandis qu'il n'est qu'un abominable Bonnot infirme!

Mais, à part ces exhibitions cabotines, en représentation ou en tournée, comment les use-t-il, les heures interminables de ses nuits blanches? De quelles pensées, de quels remords, de quelles prévisions, sont peuplés les cauchemars de ses insomnies? Quels fantômes se dressent devant lui dans leurs ténèbres sanglantes? De quoi rêve-t-il tout éveillé, le Kaiser qui ne dort plus?

En a-t-il seulement, des remords, ce dément, qui a fait partager de force sa démence à tout son peuple, qui en a fait, non plus des troupes, mais un troupeau de brutes et de fauves, incendiaires, massacreurs de vieillards et d'enfants, éventreurs et souilleurs de femmes?

A-t-il conscience d'être pire que les plus hideux Tamerlan, Gengis-Khan et autres Attila? Se rend-il compte que son nom, à plus juste titre que le leur, restera en exécration au genre humain tout entier?

Ou bien son insomnie n'a-t-elle point pour cause essentielle la peur, l'immonde peur, sans plus, la peur témoignée par son absence des champs de bataille, par le maquillage éhonté de ses wagons, par son lit qu'il faut lui établir loin des coups de canon et des réflecteurs électriques?

Les brutes et les fauves qu'il a déchaînés pour satisfaire sa folie, ils se font tuer, du moins, et en soldats, quand ils sont sur le front; et nos braves petits pioupious en savent quelque chose, eux qui n'auront que plus de mérite à venir à bout de ces acharnés! Mais ce n'est jamais sur le front qu'on le voit, lui, c'est toujours là-bas, derrière, qu'il cabotine ou qu'il voyage, et qu'il ne dort plus !

Quand donc l'entendra-t-on crier enfin, comme Macbeth en désarroi, mais se retrouvant un homme et un guerrier, et qui veut mourir tel ? On les attend, ces paroles suprêmes. Il les connaît sûrement, le Kaiser soi-disant artiste et lettré, qui les a lues dans Shakespeare. Pourquoi ne les dit-il pas ? Joue-le donc, ce rôle, jusqu'au bout, impérial artiste, non pas en Napoléon moderne que tu n'es point, mais bien en moderne Néron, que tu es. Crie-les, les deux vers que clame Macbeth avant d'aller se faire tuer :

Sonnez la cloche d'alarmes ! Souffle, vent ! Viens, désastre !
Au moins nous mourrons avec le harnois sur le dos.

Mais non, non ! Tu ne le diras pas jusqu'à ces vers de vaillant désespoir, ton rôle de tyran scélérat acculé à la ruine. Tu en resteras au passage où Macbeth a peur, où il râle d'une voix rauque :

Mais pourquoi n'ai-je point pu prononcer « Amen » ?
J'avais le plus grand besoin d'une bénédiction, et « Amen »
Resta collé dans ma gorge.
Il me semblait entendre une voix crier : « Ne dors plus !
Macbeth est en train de tuer le sommeil. »   [plus ! »
Toujours, toujours elle criait à toute la maison : « Ne dors

Et tu répéteras sans fin, ô dément tombé en enfance, tu répéteras, substituant tes noms à ceux du texte :

« Wilhelm a tué le sommeil. C'est pourquoi Hohenzollern
« Ne dormira plus, le Kaiser ne dormira plus. »

Puisses-tu les répéter jusqu'au terme de ta vie, ces vers vengeurs, et encore par delà, au fond de ta tombe, et n'y point dormir non plus, jamais, jamais, et que le mot demandant pardon, le mot « amen », reste pour toute l'éternité collé dans ta gorge !

9 octobre.

XI

Parmi les blessés.

Sans rien perdre de la confiance absolue que nous avons tous, et dans la victoire prochaine et dans le triomphe définitif, beaucoup de personnes se laissent énerver par la lenteur de ces batailles modernes, qui durent non seulement des jours et des jours, mais des semaines et des semaines. Je vais leur indiquer un sûr calmant à leur injuste impatience, et le réconfort de leurs pires angoisses. Qu'elles aillent rendre visite aux blessés, ou qu'elles en demandent des nouvelles à ceux qui les ont vus!

Et d'abord elles auront honte de trouver longues ces batailles, en constatant que les braves qui les ont livrées ne se plaignent pas, eux, du temps qu'ils ont passé à en faire peu à peu des victoires. La retraite du début, suivie par l'offensive acharnée, et même les alternatives inévitables de recul et d'avance, et jusqu'aux heures d'internement dans les tranchées où l'on ne respirait que les matins d'attaque à la baïonnette, et toute cette existence nouvelle de perpétuelle alerte, comme cela leur a paru bref, à ces conscrits héroïques devenus en deux mois des vétérans!

Ils n'en parlent, de ce duel interminable, qu'avec le regret de l'avoir quitté. Ils ne veulent même plus se souvenir des tortures qu'ils ont endurées parfois en le quittant, alors que les services de transport immédiat n'étaient point tout à fait bien organisés encore. J'en ai rencontré qui étaient restés, entre les lignes mouvantes du combat, sans aide possible, gisant dans leur sang répandu, plusieurs fois vingt-quatre heures. Pas plus tard qu'hier, j'ai causé avec un autre, frappé d'un éclat d'obus au flanc

et l'œil droit crevé par une balle, qui avait fait dans
cet état, jusqu'à l'ambulance où on l'a recueilli,
quatorze kilomètres à pied. Et ni celui-là ni
les précédents, en songeant aux minutes sans
fin de leur attente, n'en montraient de rancœur,
puisqu'on avait repoussé l'ennemi finalement.

Certes, parmi tous ceux que j'ai eu l'honneur
de voir, et parfois de panser depuis tantôt deux
mois, il y en avait dont l'héroïsme calme, si
noble qu'il fût, ne m'étonnait point. Ceux-là
étaient des chefs, des soldats de naissance en
quelque sorte, et dont je connaissais d'avance
la vertu et la noblesse. Tel, par exemple, le
colonel Malleterre, décoré et promu général de
brigade sur le champ de bataille, et qui, la
cuisse droite amputée, le bras droit menacé
aussi d'amputation pour le lendemain, ne songea
pas à me parler de ses blessures pendant que
j'avais sa main pressée dans la mienne, et me
dit seulement ces paroles :

« Oh ! que de grandes choses j'aurai à vous
conter, dans quelque temps, sur mon régiment
mis à l'ordre du jour ! Vous savez si son histoire
est belle, à mon beau quarante-sixième, au
régiment de la Tour d'Auvergne ! Eh bien ! c'est
là-bas, l'autre soir, qu'il en a écrit la plus belle
page, de son histoire. »

Et je sentais, au tressaillement de sa main, passer dans la mienne non pas la douleur de sa chair suppliciée, ni le regret de ses deux membres perdus, mais l'amour unique de la France, la joie extasiée du sacrifice, et comme le frisson de la gloire mettant un baiser de plus au drapeau de son beau régiment.

Et c'est le même amour, la même joie, le même frisson, que j'ai senti vibrer aussi chez tant d'autres héros sans le savoir, des simples, des obscurs, bourgeois, paysans, ouvriers, heureux et fiers d'avoir immolé un morceau d'eux sur l'autel de la patrie, et tous pensant ce qu'a si joliment exprimé la petite Denise Cartier quand elle a dit :

« Je suis contente d'avoir donné ma jambe à la France. »

Et pareillement nos alliés et nos amis, le Tommy anglais et le highlander d'Ecosse, que j'ai vu rasés de frais, soignés par leurs *nurses*. Et aussi nos Africains, mes pays, Arabes et Kabyles d'Algérie, Marocains et Sénégalais, dont les dents blanches font une telle peur à la chair blonde des Boches, prise de panique devant ce rire.

Et, à côté de ces blessés-là, qui n'ont plus qu'une fièvre, celle de repartir sur le front, regardez aussi les blessés allemands, ô gens qui trouvez les batailles trop longues, et prenez patience et courage à constater combien ils les jugent courtes, eux qui se croyaient tout près de Paris voilà sept semaines, et qui ont appris combien ils en sont loin, et qui l'ont appris si vite!

Contemplez leur mine déconfite, même celle des officiers, naguère insolente et rogue, aujourd'hui morne, ne fût-ce qu'à la lecture des nouvelles données par des journaux, leurs anciens souteneurs.

Ils y apprennent qu'il y a d'autres blessés encore, auxquels il faut songer, eux avec amertume, nous avec joie, puisque ces blessés sont d'abord dans la propre famille de leur Kaiser! Comptez-les plutôt, comme ils doivent désespérément les compter eux-mêmes, en grinçant des dents!

Sans parler du prince Adalbert, mort de sa blessure, il y a le prince Joachim à qui son père ne permet pas de repartir; il y a le prince Eitel, tombé de cheval, et *couronné* des deux genoux; il y a le prince Oscar, qui, au milieu de dix officiers tués pour le défendre, est tombé en pâmoison, soi-disant pris de crise cardiaque; il y a le kronprinz, qui a fait rater l'attaque

brusquée par sa fuite, et qui est blessé à mort
dans son honneur de prince cambrioleur ; et il
y a enfin le Kaiser lui-même, insomniaque,
névralgiaque, maniaque, en proie à des syncopes,
qui désorganise tout son haut commandement,
qui se fait battre à Augustowo par les Russes, et
dont l'impéritie vaniteuse va finir par donner la
gangrène à toutes les blessures de sa Germanie !

O gens d'injuste impatience, n'avais-je pas
raison de vous promettre un solide et joyeux
réconfort, au bout de cette promenade parmi les
blessés, *tous* les blessés ?

———

13 octobre.

XII

La haine.

S'il est possible qu'il fleurisse encore quelque
part, dans l'âme française, une dernière fleur
de pitié pour ces brutes, il faut l'en extirper
comme une fleur de poison, et en faire de la
cendre et du fumier, et planter à même ce
terreau immonde la fleur que nous ne connais-
sions point, la fleur que nous devons cultiver
désormais, la sainte fleur de la haine.

Non pas de cette haine bestiale et démente
qu'exalte un de leurs poètes, et qui gonfle l'âme
allemande à la façon d'un monstrueux abcès, et
en fait gicler toutes les sanies de la plus atroce
scélératesse ! Nous aurions beau le vouloir, et y
employer nos énergies les meilleures, elle ne
pourrait pas prendre racine dans l'âme française,
cette haine-là. Nous sommes de civilisation trop
ancienne et trop noble pour redevenir jamais les
fauves qu'ils sont, en régression jusqu'aux
époques préhistoriques où le futur homme,
encore à l'état de Caliban, se vautrait en pleine
animalité.

La haine qui les rend tels, et qui est l'essence
même de leur âme, elle nous fait horreur. Nous
ne permettrons pas qu'ils nous l'enseignent, ces
docteurs en infamie. Nous répugnons à nous
assimiler ce produit de leur hideuse culture.
Même pour les punir de leurs crimes, nous ne
saurions pas être leurs disciples en cruauté.

Qui de nous aurait l'abominable courage de
tirer sur des ambulances, de supplicier des
populations sans armes, de mettre des otages
innocents en boucliers voués au massacre
devant nos troupes marchant à l'assaut, de
lancer sur des villes ouvertes des bombes au
naphte, des obus à cordelettes de résine dérou-

lant l'incendie, d'arroser les maisons habitées avec des pompes à pétrole, de souiller des jeunes filles sous les yeux des parents immobilisés, d'assassiner ensuite les victimes de ces horreurs après leur avoir fait à elles-mêmes creuser leur fosse, et d'emmener en captivité quatre mille adolescents de quinze à dix-sept ans, comme ils viennent de le faire dans le Cambrésis, renouvelant ainsi les plus inhumaines pratiques de l'esclavage, et de couper le poing droit à ces combattants futurs, comme ils l'ont fait ailleurs, et enfin de renvoyer des prisonniers mutilés, comme ils l'ont fait récemment en Russie, où l'on a vu revenir des cosaques les yeux crevés, sans nez et sans langue ?

Se trouverait-il chez nous un officier pour commander des monstruosités pareilles, un soldat pour les exécuter ? Non, non, à coup sûr, je le jure par notre civilisation, par notre sensibilité, par toute notre histoire, il n'est pas un Français dont l'âme consentirait à tant de férocité, à tant d'avilissement. L'idée seule que l'on puisse l'en supposer capable soulèverait d'indignation et de dégoût celui d'entre nous que l'on condamnerait à être ce bourreau ou ce valet de bourreau.

Et pourtant ils s'y emploient, eux, à ces

métiers épouvantables, et avec méthode, et avec joie. Ils ont des chefs qui en donnent les consignes. Ils ont des soudards qui obéissent à ces consignes, et qui même, non contents d'y obéir, s'en délectent.

Ils ont pire encore. Ils ont des écrivains, des philosophes, des professeurs, qui approuvent ces tortionnaires. Non seulement en ne protestant pas là-contre, mais en affirmant que la guerre faite ainsi est logique, et que qui veut la fin veut les moyens, et que tous les moyens sont bons quand cette fin est sacrée, et qu'ici la fin est sacrée puisqu'il s'agit d'imposer au monde le règne de l'idéal allemand. Et ces penseurs appellent cela un idéal!

Et ils ont pire encore. Ils ont pour chef suprême un aliéné qui décrète que tout cela est de droit divin, qu'il est le représentant du Très-Haut parlant par sa voix à lui, à lui le Kaiser infirme et mattoïde. Et il essaie de le propager dans le monde, par un factum dont sont inondés les Etats-Unis, factum où il proclame *décliner toute responsabilité pour le terrible crime de cette guerre et toutes ses conséquences relativement au développement du royaume de Dieu sur la terre.*

Et ils ont pire encore. Ils ont ce tas de brutes

qu'ils sont, ayant foi dans cet Évangile de massacre.

Et ils ont pire encore. Ils ont chez eux des femmes, des mères, écrivant des lettres comme celle, authentifiée par le témoignage d'un intendant militaire, et trouvée par lui sur un officier allemand blessé, et au bout de laquelle cette mégère dit à son mari :

« *J'espère que tu n'épargneras ni les femmes ni les enfants* ».

O âme française, âme gaie, généreuse, noble, âme de ce pays souriant que nos vieux poètes appelaient déjà, il y a mille ans, la *doulce France*, l'heure est venue, tu le vois bien, grâce à ces monstres, de ne plus être par trop *la doulce France*, et de laisser fleurir en toi, même au cœur des plus incorrigibles pacifistes, des plus extatiques humanitaires, la fleur de la haine, de la haine implacable, sans rémission, sans exception, justicière et vengeresse, de la haine qui va enfin devenir par toi la belle haine, la sainte haine, la haine ayant pour épanouissement suprême l'amour entre tous les enfants de la terre, une fois Caïn exterminé !

15 octobre.

XIII

Leur dernière infamie.

Il ne leur manquait plus que celle-là ! Elle était inespérée. O joie, comme s'écrie Pascal, ô joie, pleurs de joie ! Ils viennent enfin de la commettre.

. Ce n'est pas la plus atroce. Ils ont, dans l'atrocité, depuis longtemps déjà, franchi les limites au delà desquelles on cesse d'être un homme pour rétrograder jusqu'à l'anthropoïde de l'âge quaternaire.

Ce n'est pas la plus hideuse. Ils ont mis leur gloire essentielle à fusiller les populations sans armes, à dévaster les cités ouvertes, à bombarder les cathédrales, à incendier les bibliothèques, à détruire les œuvres d'art quand ils ne peuvent pas les voler, à cambrioler en assassinant, comme une bande d'apaches conduits par un échappé de cabanon, à dépasser en horreurs tous les Barbares de toutes les époques, et à faire oublier les Attila, les Omar et les Tamerlan, avec leur Bonnot couronné.

Ce n'est pas la plus immonde. Violeurs, dès

les premiers jours, des neutralités garanties par leur signature, et violeurs du droit des gens, et mis ainsi en goût de tous les viols, ils se sont rués à quatre pattes et ne sauraient s'y vautrer davantage, au fond de l'abîme où se soûle leur scélératesse de gorilles sadiques.

Et cependant, celle-là qu'ils viennent de commettre, la dernière, l'inespérée, celle qui ne paraît tout d'abord ni la plus atroce, ni la plus hideuse, ni la plus immonde, c'est elle qui est en quelque sorte le sceau suprême de toutes les autres, et qui imprime ce sceau comme avec un fer rouge sur le front déshonoré de l'Allemagne tout entière, sans exception possible, de l'Allemagne mise définitivement, par cette marque indélébile, au pilori de l'Histoire et au ban de l'Humanité.

C'est l'infamie la plus bête, la plus plate, la plus abjecte, l'infamie pour laquelle aucune voix ne saurait demander aucun semblant de circonstance atténuante, devant laquelle se tait toute pitié, désormais incapable de crier grâce ou seulement d'en murmurer le mot, fût-ce d'en risquer le geste.

C'est l'infamie où la raison elle-même se dégrade, où s'avilit la conscience, où l'âme abdique. C'est l'infamie où l'élite d'une nation

communie cyniquement avec les plus bas ins-
tincts de sa tourbe la plus basse, et se délecte et
s'extasie en cette communion.

C'est l'infamie où les plus beaux, les plus
riches cerveaux de cette élite, des cerveaux
lumineux, des cerveaux de penseurs, de savants
et d'artistes, deviennent pareils au cerveau du
catoblepas, de ce fantastique animal si monstrueusement stupide qu'il se broute les pieds sans
y prendre garde.

Car la voilà, dans toute son ignominie de
ténèbres, dans sa honte sans exemple et sans
fond, la dernière infamie, l'inespérée, que viennent de commettre, non plus contre nous cette
fois, mais bien contre l'Allemagne leur mère, les
intellectuels allemands.

Ils sont près de cent, ayant approuvé de leurs
signatures à genoux cet *Appel aux nations civilisées*, où ils affirment que ce n'est pas l'Allemagne qui a provoqué la guerre, qu'elle n'a pas
violé la neutralité de la Belgique, que ses soudards n'ont jamais porté atteinte à la vie ou aux
biens d'un seul citoyen belge, qu'ils n'ont pas
détruit Louvain, qu'ils ne se livrent à aucun
acte d'indiscipline ou de cruauté, qu'ils sont
innocents de toutes les abominations dont on les
accuse.

Ces abominations ont beau avoir été authen-
tiquées par les témoignages les plus honorables,
ils sont près de cent qui montent, leurs *intellectuels*, pour clamer que *ce n'est pas vrai*.

Ils sont près de cent à jurer aussi, cependant,
que leur militarisme et leur culture ne font
qu'un, et que le peuple allemand se solidarise
tout entier avec l'armée allemande.

Ils sont près de cent à se réclamer de Goethe,
de Beethoven et de Kant, comme si ces trois
noms étaient les pseudonymes de Bismarck, de
Krupp et du Kaiser !

Et parmi ces cent moins quelques *intellectuels*,
il y a des professeurs de théologie, des directeurs
de musée et de bibliothèque, des philosophes,
d'illustres physiciens et chimistes, des théoriciens du droit, des docteurs en histoire, en phi-
lologie (même romane), toutes les gloires, en
tous les genres, de l'Allemagne qui pense.

Et il y a aussi des artistes et des poètes,
hélas !... Il y a Hermann Suderman. Il y a
Gerhart Hauptmann. Il y a Weingartner.... Il y
a jusqu'à Siegfried Wagner....

Ah ! celui-ci, n'est-ce pas le comble ? Les autres
indignent, ou font peine. On voudrait leur crier :

« Comment ! Entre vous tous, pas un qui ait
refusé de signer ce *testimonial* menteur ! Pas un

qui ose protester au moins contre l'acte de vandalisme commis à Reims ! Pas un pour signaler seulement que le manifeste n'en parle pas, de Reims ! Pas un pour dire, avec votre Schopenhauer, qu'il *rougit d'être Allemand* !

Mais à lui, le Siegfried, le musicastre, le fils à papa, et qui ne tient de son père que par le poème infâme sur la *Capitulation de Paris*, à lui, quoi dire ? La colère tombe. Seul, le mépris reste.

Et voilà pourquoi, en terminant, au lieu de m'exalter sur leur dernière infamie, j'ai comme envie d'en rire, et je me rappelle l'anecdote de guerre, arrivée ces jours-ci, juste à point, semble-t-il, pour fournir à ces lignes leur vrai mot de la fin.

Les Allemands chargeaient (une fois n'est pas coutume) à la baïonnette. Ils arrivaient par gros tas, sur une de nos compagnies, en poussant (dit la lettre qui raconte la chose) des mugissements horrifiques, des *vorwærts* que soutenaient les fifres et les tambours. Et cela faisait un charivari de tous les diables ! Alors, un bon garçon de sergent, à la voix de tonnerre, enleva notre compagnie dans une contre-charge victorieuse, en hurlant aux groins des Boches, plus fort que tout leur orchestre :

« Ta gueule, eh! Wagner! »

17 octobre.

XIV

Leur démence.

Au cours de ces articles, écrits dans la fièvre, je suis parfois pris de scrupules, quand je cite les forfaits authentiques des Allemands et que j'en tire des conclusions sur leur monstrueux *état d'âme*. Je me demande alors si la fièvre même où j'écris et si ma nature de poëte ne m'entraînent pas à quelques exagérations dépassant les bornes de la justice et de la logique.

Eh bien! non. Tout compte fait, et de sang-froid, on va voir que je reste encore bien au-dessous de l'abominable vérité.

Ce n'est plus par moi, en effet, par un lyrique peut-être enclin à grossir les choses, c'est par une raison calme et sage, par un philosophe éminent, que la preuve est fournie aujourd'hui, accablante, de la démence incontestable à laquelle est en proie, non seulement leur Kaiser, mais toute leur race. Il n'y a point de doute qui tienne contre la solidité de ce simple constat.

Que l'Allemagne entière partageât la maladie de son Nabuchodonosor changé en bête, on en avait déjà la certitude dans le honteux et cynique *Appel aux Nations civilisées*, où se déshonore, à plat ventre devant le militarisme allemand, l'élite de leurs *intellectuels*. Mais cette maladie, cette démence, qui détraque jusqu'aux cerveaux de leurs penseurs, de leurs savants, de leurs artistes, quelle est-elle et d'où vient-elle ? On le sait désormais, et que c'est d'eux-mêmes surtout qu'elle vient.

Voilà ce qui est établi, sans colère, avec gravité, dans la lettre adressée par mon confrère et ami Émile Boutroux à la *Revue des Deux Mondes*.

Il connaît à fond l'âme allemande. Il l'a étudiée depuis 1869, où il fut alors envoyé en mission à l'Université d'Heidelberg. Il faisait encore des conférences là-bas un mois avant la guerre. Il admire la science et en goûte les charmes les plus sévères, étant le beau-frère du savant de génie Henri Poincaré. Il possède, mieux que personne en France, la philosophie d'Outre-Rhin. Il a lu et approfondi leurs penseurs dans leur propre langue. On juge de quel poids peut et doit peser son impartial témoignage à leur endroit. Or le voici, son témoignage.

Pour ceux qui n'auraient pas le temps de le lire en entier ni la tranquillité d'esprit nécessaire à en suivre les déductions, je vais le résumer.

Quelques traits essentiels suffiront. Ainsi tout un panorama s'illumine à la fulguration d'éclairs éblouissants.

Au regard des penseurs allemands, l'Histoire du monde enseigne que le Jugement de Dieu touchant les compétitions des peuples a pour arrêt suprême le succès par la Force, et que cet arrêt a désigné de tout temps le peuple allemand comme le peuple élu de Dieu.

C'est cela qu'a traduit en 1841, leur poète Hoffmann von Fallersleben, en composant leur fameux chant national : « *Deutschland über alles, über alles in der Welt (l'Allemagne au-dessus de tout, au-dessus de tous dans le monde)* ».

Les civilisations telles que notre civilisation méditerranéenne, ayant pour caractéristiques l'élément moral, la justice, la bonté, la douce fraternité, sont des civilisations de faiblesse et d'impuissance. Seule est valable, et digne de vivre, la civilisation ayant pour moyen et pour but la Force ; et c'est pourquoi la civilisation germanique doit prendre la suprématie sur toutes les autres, le peuple allemand étant l'unique peuple de culture complète, *Vollkulturvolk*.

Afin d'arriver à cette suprématie légitime, le peuple élu prend d'abord conscience de sa supériorité en revendiquant comme allemand tout ce qui est supérieur dans le monde. C'est ainsi que leurs érudits s'annexent Rembrandt, Shakespeare, et que certains d'entre eux vont jusqu'à essayer de prouver la nationalité allemande de... Jeanne d'Arc, indubitablement allemande puisqu'elle est sublime.

Dans ces conditions, l'Allemagne use de son droit, droit divin, quand elle fait la guerre, au mépris de tous les droits, en vue de faire triompher, par n'importe quels moyens, la supériorité allemande. La Barbarie déchaînée, le retour aux pires horreurs de l'état sauvage, la science mise au service de la terrorisation méthodique, tout lui est licite, et même ordonné, et même sacré, quand il s'agit d'imposer la culture de la race supérieure aux races inférieures.

Le peuple élu, le peuple dieu, est donc obligé de considérer comme son devoir suprême l'emploi de la destruction et du mal à l'éclosion du bien final qui résultera de son triomphe.

La formule de son action peut être énoncée ainsi : la Barbarie multipliée par la Science.

Le voyez-vous s'illuminer, tout le sinistre panorama de massacres, d'incendies, de férocités sans nom, à la fulguration de ces quelques éclairs? En contemplez-vous toute la hideur, de cette action raisonnée, voulue, mais raisonnée par le délire et voulue par l'aliénation mentale?

N'est-ce point là, non pas imaginé par un poète, mais constaté par un philosophe, le rêve éveillé, agissant, frénétique, du plus épouvantable des déments? Et n'est-il pas vrai que ce dément n'est pas seulement leur Kaiser, mais leur peuple tout entier, puisque ce rêve s'épanouit non seulement dans le cerveau infirme du mattoïde casqué, mais à plein et monstrueusement dans le cerveau de leur élite elle-même? Et n'est-il pas certain enfin, que c'est tout le peuple élu qui est le Nabuchodonosor changé en bête, en bête immonde et sauvage, en bête d'Apocalypse menaçant l'humanité entière, en bête que la croisade de l'humanité entière doit abattre.

Ah! ce dément-là, le premier que l'histoire ait connu et le dernier sans doute qu'elle connaîtra, quel espoir de jamais pouvoir le guérir, dans quel cabanon le soigner?

O mon confrère et ami Boutroux, ô calme et grave et sage philosophe, ô penseur dont la pensée est assez large pour comprendre et désirer toutes les pitiés, avouez vous-même, fût-ce en pleurant, qu'un seul remède lui est applicable pour le débarrasser de sa démence et en délivrer le monde : la douche implacable, la douche de plomb et d'acier, la douche par le 75, la douche avec la baïonnette !

———

20 octobre.

XV

Jeunes classes.

Il ne s'agit pas de celles que vous croyez, et que le mot de *jeunes classes*, en effet, évoque impérieusement tout d'abord à notre pensée, à notre cœur.

Celles-là, celles qui depuis deux mois et demi déjà livrent des batailles sans exemple dans l'histoire, et celles qui sont en train de s'instruire, avides de changer au plus vite leurs visages poupins de *Marie-Louise* imberbes en faces bronzées de héros, celles-là, il semble qu'il n'y ait plus rien à en dire, ni à leur dire.

Celles-là, elles ont forcé l'admiration de tous, même de l'ennemi orgueilleux qui ne s'attendait pas à leur tenace endurance, qui recule devant elles, qui a vu décimer par elles jusqu'à sa garde soi-disant invincible. Celles-là, elles sont en pleine gloire agissante et elles seront demain en pleine gloire victorieuse. Ce serait presque les humilier que de leur crier : Courage !

Il y a d'autres' jeunes classes dont on peut parler, dont il est bon de parler aussi. Ce sont les jeunes classes qui ne partiront pas, qui viennent, au contraire, de rentrer, et parmi lesquelles beaucoup de braves petits cœurs, je le sais, souffrent à être encore des cœurs d'enfant que leur âge seul empêche de battre en cœurs d'homme.

Oui, n'en doutez pas, ils sont légion et voudraient l'être en réalité, les écoliers revenus au banc d'école, et que travaille le rêve de tenir un fusil en place de plume. J'ai eu là-dessus des confidences, entendu des plaintes de noble rage. Élèves du lycée ou de la primaire, enfants de la bourgeoisie ou du peuple, tous fils ardents de la patrie en danger, j'en connais, et en nombre, de ces cadets enviant leurs aînés, gars rétus entre quatorze et seize ans, qui grincent des dents et sanglotent :

« Pourquoi ne fait-on pas, de nous aussi, des soldats ? »

Malgré votre généreuse ardeur, ô chers petits, dignes de vos frères, malgré votre énergique vouloir, et même malgré votre belle allure d'adolescents solidement bâtis, bien découplés, forts,

souples, adroits, entraînés par les gymnastiques
des jeux, malgré tout, enfin, je vais vous le dire,
pourquoi nous ne saurions accepter le bouquet
d'héroïsme dont vous nous présentez la fraîche
offrande, ô graine de héros!

En attendant l'heure, si la prolongation de la
guerre la fait sonner, où vous auriez à remplir
ce devoir suprême vous changeant en soldats
précoces, vous avez un autre devoir, non moins
sacré, à remplir d'abord dans les familles. Regardez les voiles de deuil dont s'assombrissent tant
de foyers. Vos mères, vos sœurs, sont sous leurs
noires menaces. Elles ont besoin, dans ces ténèbres, de la lumière consolante qui reste seule
à la maison, fleurissant vos yeux.

Le père, les frères, absents, peut-être pour toujours, hélas! il n'y a que votre présence qui en
puisse atténuer un peu la douleur. Vous êtes
leur souvenir vivant, leur image chérie. Vous
êtes mieux encore, l'image même de l'espérance
possible à ce foyer éteint dont vous voilà soudain
l'unique petite flamme de résurrection.

Et ce n'est pas pour votre famille seulement
que vous êtes cette espérance, cet appel vers
l'avenir, cette flamme de résurrection. C'est aussi
pour la grande famille à laquelle vous voulez
tant vous sacrifier, pour la France qui aura be-

soin de votre sacrifice plus encore demain qu'elle
ne le demande aujourd'hui.

Puisque vous avez soif d'agir en hommes, ô
nos chers petits, commencez d'abord par penser
en hommes. Réfléchissez. Contemplez les choses,
l'avenir, de loin. Prenez exemple sur ces aînés
vaillants dont vous êtes si noblement envieux, et
supportez comme eux la retraite, la longue attente
dans les tranchées, en vue d'une victoire qui se
refuse à être immédiate, mais qui n'en sera que
plus certaine et plus définitive.

La retraite, la longue attente dans les tranchées, la tenace patience où je vous incite, votre
véritable devoir, votre seul devoir à l'heure présente, c'est d'être de bons écoliers, travaillant
dur, apprenant vite, mettant les bouchées dou-
bles à vous nourrir des leçons que vont vous
donner à la fois vos maîtres et l'histoire vivante
autour de vous.

Votre devoir unique et sacré, c'est d'être la
France de demain, celle dont l'âme humaine
aura vaincu jusqu'à l'anéantissement l'âme barbare de notre ennemi. Vos aînés la préparent;
vous achèverez leur ouvrage.

Aux gouttes innombrables de leur sang, qu'ils
prodiguent pour ensemencer l'avenir, les quelques gouttes du vôtre n'ajouteraient guère. Nous

exigeons que vous les conserviez à la France
immortelle. Elles nous seront infiniment précieuses dans cet avenir dont voici poindre l'au-
rore. Il faut qu'elles soient pures et courent dru
par vos artères et gonflent vos cœurs virils d'un
rythme large et puissant, quand vous moisson-
nerez demain les blés de gloire et de paix dont
vos aînés auront fait les rouges semailles.

------

22 octobre.

XVI

Savants.

Pour rien au monde je ne voudrais manquer de
respect, ni même avoir l'air d'en manquer,
envers ceux dont se compose l'Académie des
Sciences, et qui semblent particulièrement vénérables à mon imagination de poète lyrique.

Je ne nourris, d'autre part, aucune prétention
outrecuidante à m'imaginer, quoique poète
lyrique, que l'expression de mes sentiments à
son égard ait chance d'influer en quoi que ce
soit sur les décisions, voire sur les indécisions,
d'une compagnie accoutumée à tout peser dans
les balances de la raison la plus exacte.

Je n'ignore pas non plus qu'elle est accoutumée aussi à ne prendre conseil que d'elle-même, comme elle vient de le signifier nettement à un journaliste indiscret qui nous en instruit par les lignes suivantes :

« L'un des membres les plus autorisés de l'Académie des Sciences nous a rappelé que cette haute compagnie avait toujours, en toutes circonstances, maintenu le principe de son indépendance vis-à-vis des autres classes de l'Institut. »

On voit combien j'ai de motifs, et impérieux, m'obligeant à me taire. Mais quoi? Puisque j'ai toute honte bue, et cyniquement avoué que je suis un poète lyrique, et puisqu'un poète lyrique, quand il croit avoir quelque chose à crier, ne saurait s'empêcher de le crier, et en a le droit, et va jusqu'à s'en faire un devoir, je crierai donc, malgré tout et quand même.

Je m'efforcerai néanmoins à crier le plus académiquement possible.

On connaît le problème très simple, soumis en ce moment à l'Académie des Sciences comme aux autres Académies, et que doivent résoudre ensemble les cinq classes de l'Institut, lequel a pour nom complet, ne l'oublions pas, ce nom significatif : l'*Institut de France*.

Parmi les *intellectuels* allemands qui ont signé l'abominable *factum* approuvant la Barbarie allemande, parmi ces savants, ces professeurs, ces artistes, qui en nient d'abord les crimes authentifiés par tant de témoignages honorables, puis qui assument la responsabilité de ces crimes en proclamant la communion étroite de la culture allemande avec le militarisme allemand, parmi ces *penseurs* agenouillés devant les bourreaux de la Belgique, les incendiaires de Louvain, les bombardeurs de Reims, parmi ces complices conscients puisqu'ils sont l'élite de l'Allemagne, parmi ces infâmes, il se trouve des hommes, une douzaine pour le moins, qui sont membres correspondants ou associés de l'Institut.

Or, l'Institut, répétons-le sans nous lasser, s'appelle l'*Institut de France*.

L'Académie française, par bonheur en l'occurrence, n'a point de membres correspondants ni associés. Elle n'en a pas moins voix au chapitre pour juger indigne de l'Institut quiconque le déshonore. Et ainsi a-t-elle jugé tout de suite, et avec elle l'Académie des Inscriptions et Belles-Lettres, l'Académie des Sciences morales et politiques, et l'Académie des Beaux-Arts, qui ont, elles, des membres correspondants ou associés. Et de même a jugé aussi, sans aucun doute, l'Académie des Sciences, qui compte pareillement des membres de cette sorte.

Mais comment manifester ce jugement, c'est-à-dire rendre publique l'infamie des membres correspondants ou associés qui ont signé le *factum* monstrueux? Comment faire pour que l'*Institut de France* se libère d'une telle promiscuité? Pouvait-il y avoir un autre moyen que celui-ci : chasser ceux de ces membres étrangers qui ont signé le *factum* de honte?

Voilà ce qu'a pensé immédiatement tout bon Français, et, par conséquent, tout académicien, cela va sans dire.

Mais cette exclusion, paraît-il, n'est point légale. Qu'importe, a aussitôt estimé l'opinion publique, simpliste, mais à quel juste titre! Un protocole quelconque est-il de mise ici? Chassez d'abord les infâmes! Nous sommes en état de guerre, en pleine bataille, où toute procédure est vaine quand il s'agit d'espions pris en flagrant délit. C'est le cas, dans l'affaire présente, toutes proportions gardées. L'espion, au mur! Et de même, au mur de l'infamie, par l'exclusion, le membre correspondant ou associé de l'*Institut de France*, le membre qui a trahi l'*Institut de France* en approuvant à plat ventre les violeurs et les assassins de l'âme française!

Ainsi a prononcé l'opinion publique, simpliste. Ainsi je prononce avec elle. Ainsi prononcent, au fond du cœur, tous, et beaucoup, la plupart, à haute voix, parmi nos confrères des cinq Académies.

Et cependant, que fait-on? Par quel verdict unanime l'a-t-on finalement résolu, le problème si peu compliqué, dont le dernier mot est sur toutes les lèvres?

Hélas! le cœur a ses raisons que la raison ne connaît pas, dit Pascal. Mais il faut croire que la raison, d'autre part, a aussi ses raisons à quoi le cœur ne voudra rien entendre.

Résultat : on a nommé des commissions, on a délibéré en comité secret, on s'est décidé pour une protestation de flétrissure qui sera lue en séance publique; et puis...

Et puis, c'est tout. En dernier ressort, on va peut-être se résigner à attendre pour s'entendre définitivement sur l'exclusion.

Attendre quoi? Attendre pourquoi? Au lieu du viril précepte « *primum vivere, deinde philosophari* », on continuera donc à philosophailler, quand il fallait agir.

A qui la faute? Je n'ose plus crier. A peine si j'ose murmurer. Mais je ne saurais me tenir de songer que l'Académie des Sciences compte quatre de ses membres étrangers parmi les signataires du *factum*; et j'ai noté, d'autre part, dans un article de mon ami Frédéric Masson, paru hier, ces lignes qui me font peur :

« Plus haut, dans la région des idées pures, des hautes mathématiques, inaccessibles au commun des hommes et réservées avec la philosophie scientifique à quelques esprits d'élite, certains se flattaient de maintenir entre les hommes de science de tous les pays une union qui ne connût pas de frontières et qui n'eût pour objet que la vérité scientifique. Ils paraissent résolus à maintenir, coûte que coûte, cet échange de conversations et d'entretiens entre hommes qu'ils croyaient de pareille culture.... »

Mais non, non, n'est-ce pas? Ces lignes sont à l'imparfait. Personne, aujourd'hui, ne peut plus les lire au présent. De ces rêveurs-là, de ces chimériques, il n'en est pas un seul, à l'heure sanglante où nous sommes, sous notre vieille coupole. Un semblable espoir, je ne dis pas même exprimé à haute voix, mais seulement pensé tout bas, soupçonné, entrevu dans un furtif clin d'œil, y éclaterait comme une bombe, pire que les bombes de Reims, et la ferait sauter d'horreur.

Alors, avec tout le respect que je vous -

dois, ô mes vénérables confrères de l'Académie des Sciences, nous sommes d'accord tous, n'est-ce pas?

Les signataires du *hideux* factum, les membres étrangers traîtres à l'*Institut de France*, les complices conscients des Barbares qui voulaient violer et assassiner l'âme française, au mur d'infamie par l'exclusion, au mur, au mur!

23 octobre.

XVII

Leurs sociétés secrètes.

Car ils en ont toujours, comme après Iéna!

Non plus toutefois, comme alors, avec la légitime excuse d'une défaite à venger, d'un patriotisme exalté par une humiliation totale, et néanmoins avec une haine plus profonde encore, plus exacerbée, si c'est possible. J'en dirai tout à l'heure les causes, qui sont ignobles.

Pour le moment je me borne à noter le fait, qui me fut une révélation stupéfiante. Oui, ils ont toujours des sociétés secrètes. Ils n'en ont même jamais compté autant que pendant ces trente dernières années.

J'avoue que je l'ignorais absolument, et je crois bien que cette ignorance est générale parmi nous. Rien de plus explicable, d'ailleurs. Ce peuple d'espions dans l'âme, d'hypocrites nés, dont le chef est un Tartufe maquillé en Lohengrin, pratique trop bien l'art de filouter les secrets des autres pour ne pas être passé maître dans celui de dissimuler les siens.

Leurs sociétés secrètes étaient donc secrètes comme ils se flattent que tout doit être chez eux, colossalement. Et voilà pourquoi personne de nous ne pouvait se douter qu'ils en avaient encore, et plus nombreuses que jamais, et particulièrement pullulantes depuis trente ans.

Par quel canal j'en ai appris l'existence? J'ai des raisons impérieuses pour le taire. Certains de mes articles, notamment celui intitulé *La Haine*, m'ont valu des lettres d'injures et de menaces, anonymes d'ailleurs, et dont je m'honore au surplus, mais auxquelles je n'ai le droit d'exposer que moi seul. J'affirme simplement, et j'espère qu'on voudra bien me faire confiance sur ma parole, j'affirme et certifie que j'ai le témoignage écrit et authentique de ce que je vais dire.

Ces sociétés secrètes ont pour membres des gens de toutes les classes, et pour inspirateurs

et dirigeants des professeurs, des savants, des
officiers. Et le mot d'ordre y est unique : c'est
l'anéantissement, par tous les moyens, de notre
supériorité, qu'ils nient dans leurs manifestes
publics, mais qu'ils reconnaissent implicitement,
et parfois même ouvertement, dans leurs conci-
liabules.

Car les vraies causes de leur haine actuelle,
celles que je qualifiais plus haut de causes ignobles, les voilà, dans toute leur hideur. Elles
s'appellent : l'impuissance à nous avoir vaincus
entièrement en 70, la rage de n'avoir pu nous
tenir au fond de l'abîme, la peur abjecte de notre
résurrection constatée, *l'envie* grinçant des
dents et s'empoisonnant à mâcher et remâcher
la bile amère qui leur emplit la bouche devant
le spectacle incontestable de nos prospérités
refleuries.

Ah! leurs hymnes d'orgueil mégalomaniaque,
leurs actes de foi dans le triomphe certain et
prochain du peuple-dieu, leur mépris ostenta-
toire de la race déchue qu'ils nous accusent
d'être, jusqu'à l'apologie, par leurs *intellectuels*,
des moyens exécrables employés pour réduire
notre civilisation dégénérée aux *bienfaits* de la
culture allemande, tout cet étalage de philosophie, de mysticisme, de science, échafaudé en

apothéose de leur Barbarie, tout cela dans quoi ils se pavanent afin d'en éblouir le monde et de s'en éblouir eux-mêmes, tout cela, mensonge et bluff!

Entre eux, dans les palabres de leurs sociétés secrètes, savez-vous de quoi ils s'entretiennent, et soûlent, depuis trente ans, leur ivresse de haine contre nous? Les sujets des conférences qu'y font leurs professeurs, leurs savants, leurs officiers, voulez-vous les connaître, et en être stupéfiés avec moi. Lisez cette liste, et savourez combien elle est suggestive! Je ne l'invente pas. Je la copie.

Le fusil Lebel; le canon de 75; la mélinite; la Tour Eiffel; les cuirassés à cloisons étanches de l'ingénieur Bertin; la télégraphie sans fil inventée par Branly; la télégraphie multiple; les dirigeables de Juliot; les aéroplanes; les sous-marins; la traction à vapeur Serpollet; l'automobilisme; la chaîne de bicyclette; l'Exposition de 1900; le pont Alexandre-III; le cinématographe Lumière; le moteur à explosion Forest; la photographie en couleurs Lippmann.

Était-ce donc pour les nier qu'ils les étudiaient, toutes ces manifestations de notre génie? Non. En les volant, ils ne pouvaient s'empêcher de les admirer. Ils en étaient les

profiteurs, mais ils étaient bien forcés de reconnaître que nous en étions les *créateurs*. Et leur
envie s'en exaspérait, leur haine s'y envenimait,
devenait une maladie atroce où tout leur sang
tournait en fiel.

De là leur fureur de brutes, leur rage déchaînée, les massacres, les incendies, l'acharnement
contre Reims, le parti pris méthodiquement
scélérat de ne point quitter notre sol sans y
avoir ruiné nos monuments, nos industries, nos
mines, sans y avoir tout fait pour anéantir le
corps vivant et l'âme de la France.

Ce n'est pas leur philosophie seule qui se
satisfait dans ce délire de ravages; c'est aussi,
c'est surtout, leur basse, ignoble et stupide
envie, leur envie de race inférieure qui écume
contre notre supériorité, prouvée définitivement
par cette envie même.

« Voulez-vous les supplicier jusqu'aux moelles?
m'a dit l'homme à qui je dois ces révélations.
Eh bien! ne parlez plus de leurs forfaits, dont
ils sont fiers. Ne les traitez plus du tout en surhommes, même dans le crime. C'est encore leur
donner de la joie. Surtout ne cherchez pas à
leur faire saigner le cœur: ils n'en ont point.
Mais visez leur foie, leur poche à fiel devenue
une colossale tumeur pleine de bile envieuse

fermentée en pus. Crevez-la! C'est le meilleur moyen pour qu'ils crèvent de rage. »

J'ai suivi le bon conseil, réconfortant à notre mépris, doux à notre haine. Fils de chirurgien militaire, j'espère avoir planté droit et à fond le coup de bistouri.

25 octobre.

XVIII

Salut![1]

On veut bien me demander quelques lignes saluant la réapparition de ce journal. Je les écris de grand cœur, puisqu'il s'agit d'un journal qui a pour lectrices les femmes françaises, et puisque j'ai ainsi l'occasion de saluer surtout leur vaillance, leur belle tenue, leur dévouement, leur héroïsme digne des héros que sont leurs pères, leurs maris, leurs frères et leurs fils.

Mais je n'ai pas du tout l'habitude de collaborer aux publications de ce genre. J'y serais d'une incompétence absolue. Certes, il m'arrive assez souvent d'en feuilleter les pages, et d'y

1. Pages écrites pour le journal *La Mode*.

savourer de charmants articles et des illustra-
tions exquises. Toutefois, il ne me serait jamais
venu à l'idée que je pourrais quelque jour y lire
de ma prose. Je sentais trop bien qu'il m'y eût
manqué la grâce nécessaire.

Aujourd'hui pourtant, je m'y risque ; car ce
n'est plus de grâce, me semble-t-il, qu'il est
besoin. La guerre change tout, et jusqu'aux
choses les plus éloignées d'elle. La mode elle-
même en doit être bouleversée. Les couleurs,
qu'elle aime à nuancer et à manier ingénieusement, ont perdu tous leurs sourires, dans le
nuage de crêpe qui les voile. Les fleurs seules
gardent encore leur éclat ; mais qui donc oserait
songer à s'en faire une parure ? Elles ne doivent
plus désormais servir qu'à exprimer nos deuils
et honorer les êtres chers qui ont donné leur
vie en sacrifice à la France.

Alors, puisqu'il n'y a plus de modes, je n'aurai plus l'air d'un intrus dans ce journal fait
pour en parler.

Aussi bien, je ne l'ignore pas, l'ayant lu, ce
journal parle-t-il, non seulement de modes,
mais presque autant, et parfois même davantage, d'économie ménagère. On y disserte, joliment, sans pédantisme, à la française, de tous
les petits secrets par quoi s'entretient une mai-

son où vivent, dans l'ordre, dans le bien-être, et en même temps dans la beauté, de braves gens. Eh! bien, de ces secrets-là, on en pourra, et même on devra, s'occuper beaucoup, non seulement dans l'intérêt de la petite maison que constitue chaque famille, mais surtout pour la grande maison qui est la France entière, la patrie ruée à la bataille, et pour cette famille, devenue notre famille unique à tous, l'Armée.

Nos soldats ont besoin de vêtements chauds, de bonnes chemises, de chaussettes, de ceintures, de chaussures. A l'œuvre, les adroites ouvrières, les habiles acheteuses, les ménagères savantes, qui ont des armoires bien garnies!

Nos blessés doivent avoir à profusion du linge frais, des draps, des bandes de toiles, des carrés d'ouate hydrophile. A la besogne, les manieuses d'aiguille et de ciseaux! On n'aura jamais trop de travailleuses pour tous les trousseaux d'infirmerie et de pansements qu'il faut renouveler sans cesse. Et vous qui connaissez de bonnes recettes expérimentées, simples, fructueuses, faites-en profiter tous ceux qui en pourront tirer soulagement. Dites-les et pratiquez-les! Que le journal vous serve de formulaire pour les révéler et de magasin, s'il le faut, pour en centraliser les produits.

Mais de quoi vais-je là me mêler, à vous donner des conseils, moi qui devrais plutôt vous en demander. Tout ce que je vous prêche de faire, n'êtes-vous pas déjà en train de le faire au mieux, sans m'avoir attendu, ô vous femmes et jeunes filles et grand'mamans françaises, qui êtes nos vrais et meilleurs professeurs de dévouement et d'héroïsme?

Ah! si nos petits soldats sont si braves, n'est-ce pas à vous, à votre exemple, à votre sang courant dans leurs veines, qu'ils le doivent, aujourd'hui plus que jamais? Je vous ai vues à l'œuvre, dans les ambulances où je fréquente, ô sœurs de charité sublimes et souriantes et actives, recrutées par engagements volontaires dans toutes les classes, ô divin régiment de nos infirmières!

La mode, parbleu, la voilà! C'est d'être ce que vous êtes. Et même les plus jeunes d'entre vous, ô femmes françaises, les futures femmes, jusqu'à des fillettes, nous en fournissent les modèles, de cette mode-là.

Voyez cette admirable petite Denise Cartier enfant du peuple, fille d'une humble concierge rue de la Manutention. La scélératesse d'un Taube en a fait une victime. Sous la bombe dont la mignonne fut frappée, son premier mot a été pour prier que l'on ne dît pas à sa maman que c'était grave. Et plus tard, après l'amputation de sa jambe, elle a écrit à l'un de nos confrères, Franc-Nohain, la lettre qui se termine ainsi :

« Si j'ai été courageuse de mon mieux, je n'ai fait que mon devoir, et je sais bien qu'à ma place tous les petits français en auraient fait autant. Mais je suis encore contente, dans mon malheur, d'avoir donné ma jambe à la France. »

Eh! bien, oui, voilà! En fait de mode, ce qui se portera cet hiver, ce sera, si l'on peut, d'avoir une simple et splendide petite âme comme l'âme de Denise Cartier.

27 octobre.

XIX

Il va au feu.

Non, ce n'est pas vrai, hein? Est-ce même possible? Est-ce imaginable seulement? Devons-nous en croire nos oreilles quand on nous l'affirme, nos yeux quand nous le lisons?

Non, n'est-ce pas? On nous en conte! Nous sommes le jouet de quelque lyrique farceur, de quelque humoriste extravagant.

Ay, indeed! A good fellow d'Anglais, sans aucun doute, qui a trouvé un peu longuette l'attente où certains s'ennuient, et qui s'est amusé à les amuser en lançant une pareille blague, histoire de rire, *for the fun of the thing,* comme ils disent, nos bons amis.

Et elle est drôlatique, en effet, je n'en disconviens pas ; mais excessive quand même, avouons-le, et d'une invraisemblance par trop colossale, voyons! Songez plutôt, et pesez bien tous les termes de la nouvelle, que voici en quatre mots : *il va au feu.*

Qui, il? Qui ça, il? Eh bien! lui, donc, lui, en lettres majuscules, si vous voulez, LUI, enfin, le Kaiser, leur Kaiser!

Là, j'en étais sûr, vous avez beau avoir vu la chose imprimée, vous ne pouvez pas y ajouter foi. Vous croyez que je me gausse. Vous ne me prenez pas au sérieux.

Et c'était cependant dans tous les journaux de dimanche, jusqu'aux plus graves. Et le *Petit Journal* l'a inséré comme les autres, à sa première page de ce dimanche, avec ce titre en caractères gras, flamboyants :

Guillaume II sur le front.

Maintenant, disons tout, mon impartialité m'oblige à le reconnaître, l'écho était daté de

Londres, 24 octobre, extrait du *Daily News*, et le télégramme était attribué au correspondant d'un journal américain.

Ah! *good fellow, good fellow*, ingénieux et spirituel confrère du *Daily News*, dans cette attribution au correspondant américain, n'avais-je pas raison de savourer le sel dont l'*humour* sait si bien assaisonner la plaisanterie anglaise *for the fun of the thing?* En vérité, votre grand et terrible Jonathan Swift n'eût pas fait mieux. C'est le sublime dans le pince-sans-rire.

Ainsi voilà un impérial cabotin qui préside, toujours de loin, aux plus abominables crimes que jamais ait commis la guerre, qui les ordonne, qui prétend être le porte-voix de son vieux dieu en les ordonnant, qui fait massacrer des hommes et des hommes, et aussi des femmes, des vieillards et des enfants, pour son bon plaisir, qui déchaîne sur l'humanité toutes les horreurs et qui s'est gardé de s'exposer à la moindre jusqu'au quatre-vingtième jour de la campagne, qui a joué son rôle d'empereur guerrier uniquement à la cantonade, tantôt sur une colline d'où il voyait fondre une de ses armées, tantôt sous une tente au toit blindé à l'écart de la canonnade et sans pouvoir même y trouver le sommeil, tantôt enfin dans un train maquillé en train de la Croix-Rouge pour échapper aux menaces des aviateurs ; voilà un monarque, un demi-dieu des combats, qui jamais ne s'est trouvé à portée d'une balle ou d'un obus, tandis que son glorieux confrère, lui, l'héroïque roi des Belges, vit dans les tranchées et y fait le coup de feu avec ses soldats ; et vous attendez froidement, vous, fils de Jonathan Swift, le quatre-vingtième jour de la guerre, pour jeter *urbi et orbi* ce simple écho :

Aujourd'hui 21 octobre (nous sommes au 24, date de l'écho). *L'empereur d'Allemagne est souvent sur le front, visite les tranchées, distribue aux soldats des cigares et des cigarettes, et leur parle amicalement.*

Voyez-vous ça ! Il va au feu. Il est sur le front. Il y est *souvent*. Ah ! laissez-moi déguster ce délicieux petit mot ! Souffrez que l'on s'en régale longuement, de grâce ! *Souvent* ! Il y est *souvent* ! Depuis quand donc ? Depuis trois jours, n'est-ce pas ? Oh ! pas davantage, bien sûr, sans quoi il y a longtemps, comme dit l'autre, qu'on le saurait.

Alors, quoi ? Ce n'est donc pas vrai, l'écho ? C'est donc la bonne blague lancée par le suave humouriste, *for the fun of the thing* ? Merci, cher héritier de Jonathan Swift !

Et quand même, après tout, le fait invraisemblable serait exact, quelle source de plaisanteries

encore, non plus anglaises et en pince-sans-rire,
cette fois, mais françaises, en large gouaille qui
fouaille à pleine peau.

Trop tard, Sire, lui crierait-on. Trop tard le
tonnerre! Trop tard, pauvre cabot qui as manqué
ton entrée, doublure piteuse tâchant à nous faire
croire que ce qui t'empêchait de dormir, ce
n'était ni les remords ni la peur, mais uniquement les lauriers du grand roi Albert.

Et prends garde, Kaiser mal habitué à vivre
sur le front! Tu risques d'y faire, comme le bon
poète Ponchon te l'a joyeusement pronostiqué :

> Quelque méchant souper, laxatif à l'excès,
> De marmelade anglaise et de pruneaux français.

29 octobre.

XX

Devenez durs!

> O mes frères, je place sur vous cette
> nouvelle table de la Loi : devenez durs!
> NIETZSCHE.

Oui, suivons-le, et jusqu'au bout, et à fond,
et contre eux, uniquement contre eux, et en le
comprenant, du moins, nous autres, suivons-le,
cet atroce mais salutaire conseil, donné par le seul

grand poëte et le plus original philosophe qu'ils
aient eu depuis qu'ils se croient le peuple-dieu.

Car ils n'y ont jamais entendu goutte, eux, à
ce conseil, eux qui n'ont su en tirer que les
préceptes et la pratique de leur abominable
culture. Sans quoi, elle eût abouti, leur culture,
à l'épanouissement du Surhomme annoncé par
son Zarathoustra. Or, où est-il, leur Surhomme?

Faites le tour de toute la nation, du haut en
bas, je vous défie de le trouver, fût-ce à l'état
de graine, de fœtus ou de larve.

Ni leur Kaiser, ni leur kronprinz, ni le plus
fringant parmi leurs hussards de la mort, ni le
plus cuistre parmi leurs intellectuels à plat
ventre devant le caporalisme prussien, ni dans
la tourbe de leurs soudards incendiaires et
assassins par consigne, personne d'entre eux
n'en offre la plus vague effigie, du fameux Surhomme. Le produit suprême de la moderne
Allemagne n'est qu'un anthropoïde en régression; et sous le masque impérial à moustaches
de chat-tigre, comme sous le casque du gorille
dressé au massacre et au viol, comme sous la
grimace du macaque savant en lunettes d'or, on
ne peut discerner qu'un mufle hideux de brute,
espèce de Sous-homme qui fait désormais horreur
à l'humanité entière.

Et comment, en effet, eussent-ils été capables, tous tant qu'ils sont, même les intellectuels, de voir clair dans le conseil que leur offrait le philosophe, de respirer la fleur du rêve que leur tendait le poëte? Lui-même savait d'avance qu'il ne serait jamais, ne pourrait jamais être, en communion avec leur stupidité.

« Partout j'ai été découvert, écrivait-il ; mais je ne l'ai pas été dans ce pays plat de l'Europe, l'Allemagne. »

Et il en avait subtilement deviné les raisons essentielles, de cette incompréhension, dont il a fini par devenir malade, puis par mourir. En vain, pour lutter contre la paralysie générale où devait sombrer son esprit, il faisait appel au clair génie de notre race, et s'y retrempait le plus souvent possible. En vain l'avouait-il en ces termes :

« C'est vers un petit nombre de vieux auteurs français que je retourne toujours. Car je n'ai foi qu'en la culture française ; et tout le reste, de ce qui est appelé culture en Europe, me semble un malentendu. »

Il avait beau faire ; plus il aspirait à notre lumière française, mieux il se sentait condamné à l'incompréhension allemande. Et il le leur disait tout à trac, même aux moins épais d'entre eux.

« Pour m'entendre, leur jetait-il à la face, il vous faudrait tout d'abord deux siècles de discipline psychologique, messieurs les Germains; mais on ne saurait rattraper un tel retard. »

Et lui qui s'était nourri de notre Montaigne, de notre Pascal, de nos classiques, Corneille, Molière, Racine, de nos meilleurs modernes aussi, tous fins et profonds psychologues, lui qui se plaignait avec amertume de trouver, quand il citait Stendhal, des professeurs d'université allemande lui demandant d'épeler ce nom, il ne se gênait point pour leur mettre durement, comme on va en juger, leur groin dans l'ordure de leur ignorance.

« Un La Rochefoucauld, un Descartes, a-t-il écrit, sont cent fois supérieurs en loyauté aux meilleurs d'entre eux. Car les Allemands, jusqu'à l'heure actuelle, n'ont jamais eu de psychologues. Or, la psychologie est presque la mesure pour estimer la propreté ou la malpropreté d'une race. Eh! bien, ce que l'on qualifie, en Allemagne, de profond, c'est précisément la malpropreté d'instinct à l'égard de soi-même, cette malpropreté en matière psychologique, cette malpropreté devenue une seconde nature, et que laisse percer chaque parole, chaque attitude d'un Allemand. »

Et de là cette conclusion, dont il a finalement condamné, sans appel, l'orgueil imbécile de ce soi-disant peuple-dieu, comme s'il voyait en prophète l'usage monstrueux qu'ils feraient, ces lourdauds, de sa philosophie.

« A quel point ils sont vulgaires, les Allemands n'en ont idée aucune; et voici le superlatif de la vulgarité : ils n'ont même pas honte de n'être que des Allemands. »

Ainsi parlait Zarathoustra; et je veux m'en tenir à sa parole, et la prendre pour parole d'Evangile, et prêcher de toutes mes forces cet Evangile contre le faux dieu qu'est ce peuple-dieu, qui prétend nous imposer sa loi, et qui s'indigne quand nous osons lui crier notre haine.

C'est nous qui le suivrons, en le comprenant, le conseil donné par son dernier grand poète, par son seul philosophe original, le conseil atroce mais salutaire de ce verset :

« O mes frères, je place sur vous cette nouvelle table : devenez durs! »

Nous le suivrons jusqu'au bout, et à fond, et contre eux, uniquement contre eux. La *Gazette de l'Allemagne du Nord* reprochait l'autre jour aux académiciens de l'Académie Française, qu'ils étaient les premiers à exciter la haine de la France contre l'Allemagne. Certes, et ils en sont fiers! Aucun reproche ne pouvait nous être un plus beau titre d'honneur.

La séance solennelle de lundi dernier, à l'Institut, a déjà largement absous notre crime de lèse-majesté envers le peuple-dieu. Peut-être, à mon humble avis, n'y fut-on pas tout à fait aussi dur qu'on avait le droit et le devoir de l'être. Mais nous sommes quelques-uns qui tâcherons *d'en remettre*, comme dit le bon populo, et d'avoir envers la sacro-sainte Allemagne, haie de toute notre haine, la même dureté, pour le moins, qu'avait Nietzsche, le dernier poète allemand.

En foi de quoi je termine par cette suprême citation de Zarathoustra :

« Il ne faut pas vouloir être le médecin des incurables. Donc, disparaissez! »

30 octobre.

XXI

La course à l'abîme.

Oui, sans doute, c'est avec de la musique allemande et de la plus belle, j'en conviens, c'est avec la sauvage *Chevauchée des Walkyries*, de leur Wagner, qu'ils ont commencé la campagne. Mais c'est avec de la musique française et de la non moins belle, j'ose le dire, qu'ils la finiront ; c'est avec la *Course à l'abîme*, de notre Berlioz.

Oh! pas tout de suite, bien sûr, pas demain, ni même après-demain. Ce serait trop splendide. Nous n'en demandons pas tant, nous autres que ne saoule aucun orgueil mégalomaniaque, nous dont l'esprit avisé sait à quel prix se réalise un rêve, fut-ce le plus ardent, le plus légitime.

Et cependant, comment ne pas sentir que celui-ci est en marche, irrésistiblement, vers son but, et qu'il en approche pas à pas, et qu'il est certain d'y toucher? Sans exaltation vaine, en examinant les choses de sang-froid, qui de nous en doute désormais?

Faisons halte un instant pour y réfléchir, en ce quatre-vingt-dix-huitième jour de la guerre. Regardons l'horizon derrière nous et devant nous. Écoutons les bruits éteints dans le passé, ceux dont nous enveloppe le présent, et ceux qui montent de l'avenir.

Comme il est loin, déjà, tout d'abord, le premier hurrah de l'attaque brusquée! On en a presque perdu le souvenir, du chant sauvage

lancé par la *Chevauchée des Walkyries*. L'hymne
héroïque du sublime peuple belge en a couvert
les cris perçants. A cet hymne a ensuite répondu
la terrible voix de notre allègre 75. Et bientôt,
sur la Marne, on a cessé d'entendre ces Walkyries
à gueules de uhlans pousser leurs frénétiques :

Ho! Jo! To! Ho!... Ho! Jo! To! Ho!
Heia! Ha! Heia! Ha!
Ho! Jo! To! Ho... Ho! Jo! To! Ho!
Heia! Ha! Heia! Ha!
Ho! Jo! To! Ho!... Ho!!!

Et ce qu'on a entendu surtout, alors, plus fort
que ces hurlements de cannibales en délire,
c'est la clameur désespérée de la garde prussienne, culbutée dans les marais de Saint-Gond,
enlisée, noyée, sans avoir pu protéger la fuite
du kronprinz.

Je les connais, ces marais de Saint-Gond. J'y
ai jadis, quand j'étais enfant, oui chanter une
féroce chanson populaire, dont l'héroïne coupable mourait ainsi enlisée, noyée. On la
chantera encore, avec une variante que j'ap-
prendrai aux enfants de demain, pour qu'ils
dansent leur ronde à la mémoire de la Garde
prussienne. Et ils diront joyeusement, les petits
de là-bas :

Chantez, grenouilles! Vous pouvez bien chanter.
Chantez, grenouilles! Vous pouvez bien chanter.
Vous avez de l'iau à boire, et du Boche à manger,
Vous avez de l'iau à boire, et du Boche à manger.

En attendant ce *Requiem* que répéteront les échos futurs, écoutons ce que nous apportent les échos de l'heure présente, dont les bruits nous enveloppent. Ils ne sont pas moins doux à notre juste haine, et tous nos espoirs s'y réconfortent, s'ils ont besoin de réconfort.

Aujourd'hui, après trois mois de lutte sans trêve, ce n'est plus de la Marne que nous viennent ces bruits, ce n'est même plus de l'Aisne ; c'est de là-haut, tout là-haut, où nos frères les Belges, avec nos amis les Anglais, et avec nos poilus, font rouler aux eaux rouges des canaux flamands toute une moisson sinistre de cadavres ennemis, vingt-deux mille en une seule journée.

Et là-haut, encore plus haut, nos autres amis les Russes repoussent à cent kilomètres de Varsovie deux millions d'Allemands, et font sur la Sprynia une telle déconfiture d'Autrichiens que les gens du pays appellent cette vallée le Val de la Mort.

Si la musique de la *Chevauchée des Walkyries* nous a naguère écorché lès oreilles, combien doivent saigner les oreilles allemandes à cette musique-ci! N'y sentent-elles pas poindre les accents prochains du *De profundis?*

N'en doutons pas! Leur nervosité en est l'aveu et voici qu'ils ne peuvent plus la cacher. Oui, ils deviennent nerveux, ces lourdauds! Ils grincent des dents. Écoutez plutôt!

Si vingt-deux mille d'entre eux ont été tués sur l'Yser en un seul jour, c'est que leur Kaiser a donné l'ordre absolu de prendre Calais coûte que coûte, et d'y sacrifier n'importe quoi en matériel et en hommes. Et s'il veut prendre Calais, c'est qu'il rêve maintenant un débarquement en Angleterre. Rêve d'aliéné qui grince des dents! Accès de démence furieuse!

Même contre ses meilleurs serviteurs, il grince des dents, au fort de sa rage. Et son chef d'état-major, de Moltke, en prend une crise de foie, qui le met au rancart. Et von Kluck en est menacé de disgrâce pour avoir raté l'attaque brusquée. Et le preneur d'Anvers, von Besseler, en perd la tête à tel point qu'il se la fait sauter d'un coup de revolver.

N'importe! Malgré tous ces témoignages de désarroi, toutes ces preuves que fournit le haut commandement chambardé, le fou persiste dans sa folie homicide, et lance, à l'assaut de son rêve insensé, le ban et l'arrière-ban de ses réserves, jusqu'aux landsturms, que les Anglais facétieux baptisent ses *conserves de viande à canon*.

Et il se croit le Napoléon, plus génial que le vrai, et capable de mener à fin tout seul cette guerre, et sur tous les fronts à la fois. Et il se bombarde généralissime de toutes les armées allemandes et autrichiennes! Et il ne se doute même pas qu'il manifeste ainsi, à plein, devant le monde entier, sa mégalomanie aussi monstrueuse que grotesque! Il n'entend pas le rire universel saluant cette invention suprême de son colossal génie : la paralysie générale devenue la paralysie généralissime.

Mais nous l'entendons, nous, ce rire, et nous y mêlons le nôtre, avec quelles délices! Et dans les éclats de ce rire, et dans tous ces bruits de l'heure présente dont nous sommes enveloppés, nous entendons la musique de l'heure qui vient, la musique dont les premiers accords sont déjà en train de sourdre, la musique avec laquelle finira pour l'Allemagne cette guerre qu'elle a commencée avec sa *Chevauchée des Walkyries*, la musique vengeresse et implacablement justicière de la *Course à l'abîme*, où notre Berlioz trouverait aujourd'hui moyen d'ajouter le grand

cri libérateur de la *Marseillaise* et la claironnée
goguenarde de *Pan! Pan! l'Arbi.*

———

3 novembre.

XXII

Bombes à l'encre.

Car les bombes à mitraille ne leur suffisent pas,
ni celles des Taubes, ni les monstrueuses marmites de leur 420, ni les pots à feu allumant et
propageant l'incendie.

Ils ont donc d'autres ennemis encore à fou-
droyer, d'autres cibles à atteindre, que des soldats sur les champs de bataille, des femmes et
des enfants dans les villes, et la coupole des
citadelles, et les tours des cathédrales ? Mais oui.

Ils ont pour ennemi, non plus à essayer de
vaincre, mais à tâcher de convaincre, le monde
entier qui menace de les prendre en horreur.
Ils ont, pour cibles à toucher, l'esprit et le cœur
des *Neutres.*

Et voilà contre quoi les mortiers de leurs im-
primeries tirent éperdument des bombes à l'encre.

La dépense qu'ils en font est prodigieuse, frénétique, folle, kolossale. Les États-Unis, les

pays scandinaves, l'Amérique du Sud, l'Italie, la Suisse, en sont inondés jusqu'à la noyade, en ont les oreilles rabattues jusqu'à la surdité, et même jusqu'à l'absurdité.

Manifeste des intellectuels, manifeste des universités, journaux farcis de fausses nouvelles, brochures, tracts, livres regorgeant de mensonges, de sophismes, de plaidoiries, de tartuferies, et cela dans toutes les langues, et pour toutes les catégories de public, ils tirent ces bombes à des milliers et des milliers d'exemplaires. Leipzig fait concurrence à Essen. Chaque éditeur allemand devient le Krupp de cette artillerie nouvelle.

Même dans les pensionnats de demoiselles suisses, ils en envoient. D'ingénieux libraires boches ont fabriqué de petits bouquins spéciaux à l'intention de leurs jeunes âmes.

Même en France ils arrivent à en expédier, pour le cas improbable où il y aurait chez nous des neutres. Le fait a été constaté l'autre jour et enregistré par le *Temps*.

Et il va sans dire que ce *service* de propagande est gratuit. Les artilleurs prodigues, qui mettent 47 000 francs à chaque coup de leur 420, ne seront pas plus regardants pour la canonnade en bombes à l'encre.

Ils ne demandent, comme paiement aux bombardés, que de les aider dans la propagande en faveur de l'Allemagne, de son bon droit, de sa Kultur sacro-sainte attaquée injustement. Chacune de leurs bombes porte cette mèche ingénue : *avec prière de donner le plus de publicité possible.*

La mèche, il est vrai, a été vite éventée, et les bombes ainsi font souvent long feu. Et c'est pourquoi je disais plus haut que certains neutres en ont le tympan rompu jusqu'à la surdité et à l'absurdité.

On en tient la preuve par un article du *Berliner Tageblatt*, où un des rares docteurs allemands, ayant gardé un peu de sang-froid, M. Théodore Volff, reproche amèrement à ses confrères des universités de n'avoir pas eu l'intuition assez fine touchant la mentalité des neutres. On en a une autre preuve encore dans une lettre, publiée à Munich, où quatre professeurs allemands de l'Université Zurichoise supplient leurs compatriotes de cesser une propagande allant contre son but par son outrance même.

N'importe ! Les canonniers des bombes à l'encre, assourdis les premiers par leur vacarme qu'ils croient glorieux, n'en continuent pas moins la canonnade. Et qui sait, si à la longue, l'esprit et le cœur des neutres ne risquent pas d'en être impressionnés ici ou là, ne fût-ce que par l'incessant roulement des tonnerres de ce nouveau 420 ?

Sans doute nous pouvons espérer qu'il finira, lui aussi, par éclater, comme l'autre, en envoyant à tous les diables les membres déchiquetés de ses servants. Quand même, ne ferions-nous pas mieux, pour la réduire au silence, cette batterie des mortiers qui crache sur les neutres ses bombes à l'encre, de lui répliquer par quelques coups, pétant sec et touchant juste, avec notre précis 75 ?

Quelqu'un, l'autre jour, dans l'*Information*, je crois, en a parlé, de cette idée : mon ami Édouard Herriot, maire de Lyon et sénateur du Rhône. Par une lettre ouverte adressée au ministre des Affaires étrangères, il propose que ce ministère publie, chaque semaine, un fascicule rétablissant la vérité et fixant l'opinion, pour répondre aux calomnies allemandes ; et il demande que ces fascicules soient répandus chez les neutres par nos ambassadeurs et nos consuls.

L'idée est excellente. Avant Herriot, nous l'avions eue aussi à l'Académie française, et même en présence, et en compagnie du Président de la République. Je n'hésite pas à en divulguer le secret, puisqu'elle va prendre corps. J'hésite d'autant moins, que sans doute, grâce à cette indiscrétion, elle aura chance de prendre corps un peu plus vite.

En attendant qu'elle le fasse, avec toute l'autorité, la gravité, nécessairement lentes, que comportent les Chancelleries et les Académies, peut-être ne sera-t-il pas mauvais que quelques artilleurs volontaires commencent le feu, avec notre 75, qui s'impatiente de ne point tirer, ayant bonne provision de bombes à l'encre.

Je demande la permission d'en être; et je commencerai la prochaine fois ma besogne de servant, dans cette batterie d'avant-garde, où je ferai de mon mieux pour que notre pièce pète sec et touche juste.

----

5 novembre.

XXIII

A propos du 75.

Tout d'abord, que le lecteur inquiet, prêt à parer quelque coup de rasoir, se rassure!

Ceci n'est point du tout un topo, qui serait

trop évidemment de seconde main, voire de dixième, si ce n'est plus, touchant notre fameuse pièce. Je n'ai, j'en fais le très humble aveu, aucune prétention à aucune science en général, et encore moins à la balistique en particulier. Enfin, je n'abuserai même pas des droits que me confère ma qualité de poète lyrique, pour broder toutes les variations que je sens chanter en moi, joyeusement féroces, sur le terrifiant et magique joujou avec lequel nos artilleurs font la moisson des Boches exécrés.

Et cependant j'ai quelque chose à dire, me semble-t-il, à propos du 75. Oh! c'est simple comme tout, et cela s'exprime dans une petite phrase, pas davantage : c'est que je ne saurais y penser sans attendrissement.

Pourquoi ? Parce que j'ai connu jadis, et l'une dans son intimité familière, deux des bonnes fées qui l'ont tenu sur les fonts baptismaux, le cher mignon. L'une de ces bonnes fées est même un peu sa grand'maman, si je ne me trompe. Quant à l'autre, j'en suis certain, c'est sa marraine, sous les auspices de laquelle il fit ses premiers pas dans le monde.

L'une avait nom Sainte-Claire Deville, au temps que j'étais écolier à l'École Normale. L'autre avait nom Langlois, du temps que le

12ᵉ régiment d'artillerie, où mon père était médecin-major, avait pour garnison La Fère.

Je n'ai pas de souvenirs bien nets sur la grand'maman, sinon qu'elle était un illustre chimiste, et qu'on lui doit un des papas du 75, conjointement avec ses deux autres papas, Deport et Rimailho. Dans le monde des fées, comme dans le nôtre, il y a ainsi parfois plusieurs pères; mais c'est là un monde miraculeux où la chose est parfaitement licite, et dont les mystères ne doivent pas être sondés par les profanes que nous sommes, pauvres humains à courte vue. Aussi bien, quand j'étais écolier rue d'Ulm, ne voyais-je Sainte-Claire-Deville que de loin, et sans pouvoir me douter qu'il serait la grand'-maman du 75. Je n'en suis que plus doucement attendri en songeant qu'il l'a été, que j'ai vécu près de lui, dans son ombre vénérable d'où allait jaillir un jour le fulgurant regard de notre libérateur.

Quant au général Langlois, c'est de tout près, lui, que je l'ai fréquenté, dans son intimité familière, je le répète, alors qu'il était détaché à la direction d'artillerie, et camarade avec mon père. J'avais quitté l'École Normale, à cette époque, et je me rappelle très nettement qu'il me reprocha un soir, dans les termes les plus affectueux, au reste, de l'avoir quittée pour suivre la carrière des lettres, et qu'il ajouta :

« Pourquoi n'êtes-vous pas entré plutôt à Polytechnique ? Vous seriez resté dans l'armée. On y peut être poète et bon officier tout ensemble. Et il y a de si belles choses à y faire ! »

Hélas ! aujourd'hui, à me souvenir de cet affectueux reproche, à évoquer tous les sous-entendus qu'il contenait, je me cite avec amertume les vers douloureux de mon ancêtre François Villon :

> En écrivant cette parole,
> A peu que le cœur ne me fend.

Oh ! oui, certes, vous aviez raison, vous seul aviez raison, vous qui pensiez uniquement à la guerre possible, certaine, fatale, vous qui saviez que le devoir suprême était de préparer l'armée pour cette guerre, vous qui vouliez concentrer toutes les énergies, toutes les intelligences, dans cette préparation, vous qui lui prodiguiez toutes les vôtres, et qui regrettiez d'en voir d'autres, plus jeunes, s'égarer à ne pas faire comme vous, et qui trouviez justement préférable aux gloires les plus enviées la gloire où tendait votre rêve, la gloire de donner à la

France l'instrument de sa victoire sur la Barbarie.

Je vous en fis part, en toute humilité, de ces réflexions, quand je devins votre confrère à l'Académie. A la lecture de vos savants et suggestifs ouvrages, je me rendis compte de la noble besogne à laquelle vous aviez consacré votre existence de labeurs obscurs, au résultat si lumineux.

Car ce n'était pas du 75 seulement, que vous étiez la bonne fée marraine; c'était aussi du tour de main qu'il faut pour jouer magistralement avec ce joujou magique. Et, du coup, vous inauguriez tout un nouvel art de la guerre, ni plus ni moins.

Le 75 à tir rapide, avec affût fixé, doué d'une agilité d'oiseau, manié par des batteries dont les pièces peu nombreuses sont toutes à la fois sous l'œil et dans la main du chef, cela révolutionnait positivement toute la tactique. Et cette révolution était à l'avantage de l'armée française plus que de n'importe quelle autre. Elle mettait en valeur ses qualités essentielles. Elle lui donnait le corps et l'allure propres à son âme.

On avait prétendu que les armes à longue portée supprimeraient les corps à corps. Avec le 75 balayant le terrain, nous avons tout de suite retrouvé la possibilité de nos élans irrésistibles à la baïonnette.

Laissons-les donc apothéoser leur monstrueux 420, dont ils placardent sur tous leurs
murs l'engin kolossal, cocardé de cette devise :
« *Deutsche Kriegsueberraschung* 1914 », ce qui
veut dire, dans une langue autre que ce patois
d'ostrogoths : « *La surprise de guerre allemande
de 1914* ».

La vraie surprise de cette guerre, ce ne fut
point cet engin, quoique démolisseur des citadelles les mieux cuirassées (démolitions qu'avait,
d'ailleurs, prévues le général Langlois), cet
engin mastodonte dont chaque envoi coûte
47500 francs, qui tire six coups par heure, et
qui parfois éclate en tuant ses 250 servants projetés en lambeaux à onze kilomètres, excusez
du peu !

Non, la vraie, l'unique surprise, ce fut et
cela restera le 75, qui tire sans arrêt, va, vient,
court, avec une sorte d'ubiquité menaçante de
partout, et dont les petits, tout petits obus à la
mélinite, transforment une tranchée pleine de
vivants en une fosse de morts figés, aux attitudes sinistres et grotesques de musée Grévin.

Et voilà pourquoi je ne puis m'empêcher
d'être attendri, délicieusement, en songeant que

j'ai connu deux des bonnes fées qui ont tenu sur les fonts baptismaux ce joli mignon. Voilà pourquoi j'ai le cœur gros aussi, à me rappeler le reproche affectueux du savant artilleur regrettant que je ne fusse pas entré à Polytechnique, et ajoutant :

« A l'armée, il y a de si belles choses à faire ! »

Voilà pourquoi, enfin, n'ayant pu y faire que l'aventureux coup de feu du franc-tireur, il y a quarante-quatre ans, j'essaie au moins de m'en consoler un peu à l'idée d'avoir été traité en ami par le général Langlois, et à l'orgueil de savoir et de dire qu'avec chaque coup du 75 fauchant les Boches exécrés, ce qui leur est craché au visage, c'est quelque chose qui vient de l'Institut de France.

9 novembre.

XXIV

L'esprit des neutres.

Et d'abord, avant de chercher les plus efficaces moyens d'action sur cet esprit, que nos ennemis tâchent à nous aliéner, il faudrait s'enquérir de ce qu'il est au juste. La psychologie n'est point le fort des têtes carrées allemandes. Leur dernier philosophe, Nietzsche, l'a proclamé en leur crachant là-dessus tout son mépris à la face, son mépris de compatriote que révoltait leur bassesse psychologique. Il se pourrait donc fort bien qu'ils n'y eussent rien compris du tout, les lourdauds, à cet esprit qu'ils ont la prétention de séduire contre nous en leur faveur.

De fait, leur façon seule de le traiter suffit à prouver leur stupidité à son égard. On dirait qu'ils n'en ont pas la moindre pratique. Ils partent de ce principe, que l'esprit des neutres est fait à l'image du leur, et ils n'emploient, pour le séduire, que le bluff brutal devant lequel ils sont eux-mêmes bestialement à plat ventre.

Sauf aux États-Unis et en Amérique latine, j'ai voyagé dans ces pays neutres, Italie, Espagne, Portugal, Roumanie, Grèce, Suisse, Hollande, Danemark, Suède et Norvège. J'y ai fréquenté les gens qui en représentent le mieux l'esprit véritable, et me suis mis ainsi en communion avec cet esprit, au cours de nombreuses conférences où je propageais notre culture, parmi de chaudes sympathies s'adressant non pas à moi, mais bien à elle.

Aussi puis-je affirmer, par expérience, que cet esprit des neutres ne ressemble pas du tout au

portrait grossier que s'en font, d'après eux-
mêmes, les grossiers psychologues allemands.
Leurs fameux *Intellectuels* s'y sont trompés les
premiers, et à fond. Et quand les mandataires de
leurs quatre-vingt-treize Universités ont à la
suite emboîté le pas (le pas de l'Oie, c'est le cas
de le dire), il s'est trouvé quand même un *herr
professor* d'entre eux, Théodore Volff, pour blâmer dans le *Berliner Tageblatt* leur manifeste
imbécile. Il n'était qu'un sans doute ; mais son
observation solitaire et sagace n'en a pas moins,
et tout juste, mis le doigt sur la plaie allemande.
Il a senti et fait sentir que la rédaction du manifeste eût exigé une intuition plus fine de ce
qu'est l'esprit des neutres.

Il est, en effet, cet esprit des neutres, beaucoup plus fin lui-même, plus avisé, mieux averti,
moins accessible au bluff brutal, que ne l'imaginent les obtus sectaires de la culture allemande,
qui le bombardent infatigablement avec tant de
manifestes, tracts, brochures, journaux, et autre
mitraille imprimée, qui bourrent jusqu'à la
gueule leurs mortiers de dénégations sans
preuves, de fausses preuves démenties par les
faits, de vaines protestations éclatant en tartuferies évidentes, et qui finalement viennent d'éta-
ler à plein toute la honte de leur culture barbare

en conférant le titre honorifique de docteur à Krupp et à son collaborateur Rausenberger, pour avoir construit le 420.

Mais s'ils ignorent à tel point, ces idiots (y compris leurs Intellectuels et Universitaires), ce qu'est en réalité l'esprit des neutres, s'ils font à son endroit de si pesantes gaffes, ne devons-nous pas, pour leur répondre efficacement, prendre tout juste le contre-pied de leurs inintelligentes manœuvres ? Cela va de soi. Et voilà bien pourquoi je voudrais qu'à ces publications de bombes à l'encre lancées par leurs monstrueux 420, on ripostât avec notre allègre 75, semant de nettes et brèves publications en obus à la mélinite.

On n'a que l'embarras du choix. Les obus sont prêts et tout chargés. Quelques-uns déjà ont pris leur vol. Qu'on se hâte de tirer les autres!

Le Foreign Office anglais a fait paraître sa correspondance diplomatique relative à la crise européenne. Il y a là de quoi largement éclairer l'esprit des neutres touchant les origines de la guerre.

Veut-on l'illuminer à lui en faire pleurer des larmes de sang, cet esprit, sur les atrocités commises par les soudards allemands ? On n'a qu'à reproduire les *Rapports de la commission d'enquête belge*, pleins de témoignages affreux, authentiques, sous la garantie des personnages les plus honorables. Il y a aussi le dossier remis au Président de la République par MM. Payelle, Mollard, Maringer et Paillot, dossier contenant les crimes perpétrés dans nos départements envahis, l'emploi des balles explosives, les compagnies de soldats incendiaires organisées, et les horreurs innomables autrement qu'en latin, et le tout avec documents et preuves à l'appui.

A-t-on besoin d'avoir recours aux aveux des coupables eux-mêmes? Ils ne manquent pas, depuis les cyniques paroles prononcées par le chancelier de l'Empire à la séance du Reichstag (4 août), jusqu'aux ordres écrits et photographiés de pillage, d'assassinat, de massacres achevant les blessés, jusqu'aux apologies scélérates des pires scélératesses sous la plume du journaliste officiel Maximilien Harden, du général von Disfurth, même d'un ecclésiastique, le pasteur Hein, proclamant que les fusillades de femmes et d'enfants belges *sont conformes au véritable enseignement de la doctrine chrétienne*.

Rien qu'à les énumérer, ces titres de brochures possibles, les quatres pages du *Petit Journal* déborderaient. On voit si la mélinite fait défaut pour charger nos obus en réponse à leurs marmites !

Donc, que l'on s'y mette, et vite, et de tout cœur, à les tirer, ces brochures, alertes, précises, substantielles ! Il est temps que leur fulgurant éclat dissipe, devant l'esprit des neutres, les fumées ténébreuses dont l'obnubilent les grosses bombes à l'encre.

Cette épaisse et puante poudre aux yeux commence à les agacer fortement, les neutres. Ils en éternuent et en ont la nausée. Leur esprit fin, avisé, averti, a besoin de lumière qui lave les yeux, de vérité qui remonte le cœur.

Ce qui va sortir, pour lui, de la gueule de nos 75 lançant ces brochures, il faut que ce soit comme une volée d'alouettes chantant la victoire du soleil.

12 novembre.

XXV

Leur vermine.

L'idée ne me serait jamais venue que j'aurais un jour la main forcée à écrire sur les poux allemands. J'en demande pardon aux mots français.

Et à nos lecteurs, donc! Et, plus humblement encore, aux lectrices. Mais, quoi? L'actualité nous le commande. C'est une maîtresse impérieuse et impitoyable. On m'excusera de lui obéir.

Aussi bien, l'ordre d'en parler nous est-il transmis par une dame de haut parage, dont la distinction va jusqu'à être vénérable. On aurait mauvaise grâce à faire la petite bouche quand elle ne la fait point, et à vouloir se montrer plus bégueule qu'elle. Cette dame, en effet, a nom l'Académie des Sciences.

Elle n'a pas dédaigné d'entendre, en y prenant le plus vif intérêt, la communication que lui faisait avant-hier, touchant une matière aussi répugnante, un de ses plus illustres membres, le docteur Laveran. Et comment, au reste, ne s'y fût-elle pas, non seulement intéressée, mais passionnée, et la France entière avec elle, puisqu'il s'agit là d'une question où est en jeu la santé même de nos chers soldats?

Car il n'y va, en somme, de rien moins que cela, sachez-le bien; et ce rien, n'est-ce pas proprement notre tout?

Or, nos immondes ennemis ne se contentent pas de nous combattre par le fer et le feu, et par l'espionnage, et par des ruses et des coups de

coquin où ils rivalisent avec les pires apaches.
Ce n'était pas encore assez, paraît-il. Voilà que
maintenant ils nous menacent de leur vermine.
Comme l'a dit joliment le brave coureur de tranchées qu'est le spirituel reporter Edouard Helsey,
il semble qu'ils aient réalisé la mobilisation générale des poux.

Et ces poux allemands, ces poux doublement
poux puisqu'ils sont poux de Boches, le docteur
Laveran nous apprend, d'après les révélations
de l'Institut Pasteur, qu'ils servent de propagateurs à un certain typhus, dit le typhus
exanthématique, plus connu jadis sous cette
appellation sinistre : *la peste des armées.* Excusez
du peu !

J'ai l'air d'en rire. Ne m'en veuillez pas ! Si je
l'ose, c'est que j'ai pris ce *la* gouailleur aux confidences de deux gais tourlourous qui ont eu à
en souffrir, de cette vermine, mais qui l'ont
traitée eux-mêmes *à la blague,* et comment !
Ecoutez plutôt !

Ils en avaient ramassé (comme avec une pelle,
m'ont-ils dit) dans une tranchée de la garde
prussienne, enlevée à la baïonnette. Et ils en
étaient tellement incommodés (oh ! la sale grattouille ! ajoutaient-ils en rigolant) que, ma foi,
pour enlever la tranchée suivante, ils avaient

ôté leurs pantalons (oui, madame!) et avaient chargé les jambes nues sous leur capote, ce qui les autorisait à conclure, avec un rire de plus en plus joyeux :

« Kif kif des Ecossais, voilà ! »

N'empêche que tout le monde n'a pas la bonne idée d'en faire autant, ni l'occasion de la secouer tout de suite, la dangereuse vermine, en repiquant un pas de gymnastique sur l'air de *la goutte à boire là-haut*. Résultat possible, donc, pour ceux qui la garderaient sur leur peau, cette engeance : le typhus pris dans les tranchées allemandes.

Car c'est là spécialement qu'ils pullulent, les poux de Boches, ces poux propagateurs de virus, ces poux, leurs seuls alliés avec Enver pacha et sa clique, alliés dignes d'eux, au reste, et bien faits, tous tant qu'ils sont, pour se manger les uns les autres.

Quant à nos braves gars, halte-là, messieurs les poux ! On saura les garantir de vos piqûres, n'est-ce pas ? Un pioupiou averti en vaut deux, et même quatre. Et puisque l'Académie des Sciences en personne a bien voulu s'en mêler, nul doute qu'elle ne trouve la parade aux sournoises baïonnettes propagatrices de typhus, à cette invasion des poux allemands, suprême res-

source et la parfaite image de l'invasion germanique elle-même.

Car c'est à la façon de cette vermine, et par
des procédés analogues, que l'Allemagne, de
tout temps, nous a fait la guerre.

Jusque dans la vraie guerre d'aujourd'hui, que
fait-elle autre chose, avec ses ruées en masses
compactes, unique invention de son Kaiser, qui
sacrifie des hommes et des hommes, sans
compter, comme si c'était une nappe grouillante
de vermine ?

Et auparavant, pendant les quarante-quatre
ans de guerre obscure, hypocrite, qu'elle a
menée contre la France, n'agissait-elle pas de
même, nous inondant de ses innombrables
espions à masques de banquiers, de commerçants, d'industriels, d'employés, d'hôteliers, de
domestiques, de gouvernantes ? N'en trouvait-on
pas partout, jusque dans nos arts, nos sciences,
notre élite, de cette vermine qui pullulait, et qui
tâchait à empoisonner notre sang gaulois, notre
âme gréco-latine, avec son virus s'y infiltrant
goutte à goutte et y préparant pour la mort de
notre race l'éclosion finale du typhus germanique ?

Mais contre cette vermine-là aussi nous
sommes désormais mis en garde, non moins que

contre la nouvelle, cultivée dans leurs tranchées.
A l'invasion des poux de paix comme à celle
des poux de guerre, à ces deux immondes produits de leur kulture, nous sommes certains
d'avoir le vrai, l'unique remède, qui est le total
écrasement.

Et le monde entier nous y aidera, le monde
civilisé que dégoûte la hideuse perspective du
typhus germanique, cette *peste des armées* pro-
pagée par les poux allemands. Il a son lieu
d'élection, affirme le docteur Laveran, il a en
quelque sorte son paradis, l'abominable fléau,
dans certaines provinces de l'Allemagne, et
notamment en Silésie. C'est là que le rouleau
russe va commencer de l'écraser. C'est dans les
tranchées creusées en France par les Boches, que
nous enterrerons aussi ce qu'ils en auront laissé
avec leurs parasites.

Et alors l'humanité, délivrée de ce sale cauchemar, poussera un grand soupir de soulagement. Et ce qu'elle poussera tout de suite après,
ce sera un grand éclat de rire.

Oui, de rire, à la pensée que l'on a pu espérer son anéantissement sous une invasion de
vermine ! De rire, à se rappeler cette *horrificque*
nappe de poux ruée contre elle en masses compactes ! De rire, à les secouer de sa peau, fût-

elle pareille à celle de mes deux gaillards, toute nue sous une capote déchiquetée ! De rire, comme eux, d'un rire héroïque et blagueur, à les secouer, les immondes poux allemands, dans un allègre pas gymnastique, qui reprendra sa marche vers la justice et la lumière, sur l'air sonnant aux étoiles qu'*y aura la goutte à boire là-haut !*

---

10 novembre.

XXVI

Ce brave boulot.

Entre autres douceurs dont Paris était privé, il paraît qu'on va lui rendre le pain de fantaisie. Certains annoncent même la bonne nouvelle en nous félicitant d'être délivrés, ainsi qu'ils disent, du pain boulot.

Délivrés ! Pourquoi délivrés ? Je me rebiffe. Je trouve le mot injuste, injurieux et ingrat, envers ce brave boulot, notre pain quotidien depuis, si je ne me trompe, quatre-vingt-quinze jours. Ayez au moins pour lui la reconnaissance du ventre !

Délivrés ! Pourquoi délivrés ? Il est donc si

mauvais que ça, si dur à digérer, cet honnête pain du peuple, ce pauvre pain des prolétaires et ce prolétaire des pains, dont un seul quignon suffît à calmer la faim du miséreux ? Est-ce qu'il ne fleure pas bon la farine ? Est-ce qu'il n'a pas la saveur saine du blé mâché à même ? Est-ce que sa croûte en or, quand on la broie à belles dents, ne donne pas au palais la sensation qu'on se nourrit avec du soleil écrasé ?

Oui, sans doute, je ne dis pas, il est un peu trop en mie, et qui gonfle plus qu'il ne faut les estomacs débiles. Mais, que diable ! pour ceux qui la supporteraient mal, il y a un remède : c'est de donner cette mie aux petits pierrots, qui sont des Parigots aussi, nos frères de Pantruche, et qui ne crachent pas dessus, je vous en réponds, les chers mignons.

Alors, quoi ? Vous voyez bien que vous n'étiez pas tant à plaindre, d'en manger, de ce brave boulot ! Allons, les délicats, les gueules fines, avouez qu'il était bon, même la mie !

Mais j'y pense ! Peut-être, dans ce mot injurieux envers le boulot, y a-t-il quelque sous-entendu auquel je n'avais pas pris garde ? Qui sait si, en nous félicitant d'en être délivrés, on ne veut pas dire qu'il nous avait été infligé comme une sorte de pénitence, le pauvre brave boulot? Qui sait si quelque pince-sans-rire n'a pas écrit le mot « délivrés » parce qu'il n'osait pas lâcher tout à trac le vrai mot : « libérés »?

Comme d'une condamnation, alors? Comme d'une peine afflictive? C'est cela, n'est-ce pas, monsieur le facétieux à froid?

Mais comment l'aurait-il encourue, cette condamnation, notre Paris? Par quelle faute, commise à l'égard de qui donc, l'eussions-nous méritée, cette peine?

Je suis un des innombrables Parisiens qui en mangent, de ce brave boulot, depuis soixante-quinze jours, si je ne me trompe. Je me tâte, je fais mon examen de conscience scrupuleusement, et je ne saurais me trouver coupable de quoi que ce soit à l'égard de qui que ce soit; et si vraiment on nous a mis en pénitence par ces trois mois de boulot, tous ces innombrables Parisiens et moi-même, je me demande pour quelle cause, tas d'innocents que nous sommes.

Me voilà, moi, pauvret, par exemple. Je suis revenu des champs à Paris, le premier jour de septembre, avec toute ma famille. En y arrivant, nous vîmes que beaucoup de gens en partaient. Ils mettaient même, à en partir, une précipitation qui nous sembla extraordinaire. N'étant pas, de ma nature, un justicier, et ne m'arrogeant le droit de sonder les reins de personne, je me contentai de penser qu'ils avaient sans doute, pour agir ainsi, d'excellentes raisons.

A la réflexion et tout bien pesé, la seule remarque piquante que je me permis à leur endroit, et que je me permette encore, c'est que ces excellentes raisons, péremptoires, impérieuses, ces raisons les forçant à s'en aller, étaient précisément les mêmes qui m'obligeaient à revenir.

Certes, je ne leur en veux en aucune façon, d'être partis; mais je ne puis m'empêcher de soutenir, et mordicus, qu'ils n'ont, en aucune façon non plus, le droit d'en vouloir à ceux qui sont revenus, ou simplement restés.

Et, du coup, je renonce à cette explication du mot injurieux pour le boulot, laquelle consisterait à supposer qu'il a été infligé à Paris et aux Parisiens en guise de pénitence. Non, monsieur le pince-sans-rire, rengainez votre plaisanterie, et, fût-ce pour nous venger de cette supposition ridicule, ne dites plus de mal de ce brave boulot.

Il a été la bonne et s⋅ ⋅e et honnête pâture

de ce Paris admirable, où le peuple s'est montré si calme, si sage, de si belle humeur, même sous la menace des pires catastrophes. Il a été le pain quotidien qui convenait à ce Paris populaire, dont tous les habitants redevenaient des Parigots fraternels, dignes de manger ce pain-là, et celui-là seulement.

Qu'allait-il lui arriver, à ce Paris soudain changé en citadelle, avec les Allemands tentant leur fameuse attaque brusquée? Nul ne pouvait le prévoir. De jour en jour ils approchaient, les Barbares. Il vint même un jour où l'on ne compta plus au delà de deux douzaines les kilomètres qui les séparaient de notre enceinte. On fit le recensement des familles restées, en vue de rationnements possibles, même peut-être sur le pauvre brave boulot. Et les taubes nous jetaient des bombes, tuaient des femmes, estropiaient des enfants. Allait-on subir un nouveau siège? Qui était certain du oui ou du non?

Mais Paris n'en demeurait pas moins admirable, et calme, et sage, et de belle humeur, et mangeait de bon cœur son brave boulot, et en émiettait la mie aux petits pierrots de Pantruche. Et tous les Parigots fraternels le savouraient, et tous étaient dignes de manger ce pain-là, et celui-là seulement.

Moi qui vous parle, je me suis offert souvent le régal, avec les miens, d'aller en manger aux faubourgs, par gourmandise, parce que là il me semblait encore meilleur. Par exemple, à Belleville, entre autres, dans la rue, où tout enfant, j'étais allé à l'école, voilà soixante ans, et où je retrouvais des gamins pareils à celui que j'avais dû être alors.

Et vous voudriez que je me trouvasse délivré du pain boulot, libéré de ce brave boulot, comme d'une peine ! Oh ! non, voyons ! C'est le meilleur pain qu'on ait jamais mangé à Paris, puisqu'on l'a mangé entre Parisiens, entre vrais, aimant leur ville comme un village, comme une petite patrie dans la grande, comme leur mère.

Et zut pour le pain de fantaisie ! Et vive le pain des Parigots, le pain des faubourgs, le pain du peuple, le boulot, le brave boulot !

18 novembre.

XXVII

Il n'y en a qu'une.

C'est de l'âme allemande que je parle, avec toute la haine soulevée par ses manifestations monstrueuses, avec toutes les raisons légitimant cette haine, avec toutes les clartés de la logique française aboutissant impérieusement au verdict des incontestables conclusions que voici :

« Il n'y a qu'une âme allemande, une, sans plus. Elle est la négation même de la nôtre. Elle l'a condamnée à mort. Notre devoir unique, essentiel, implacable, est donc de lutter contre elle jusqu'à son total anéantissement. »

Certes, ce sont là des vérités évidentes, tellement évidentes qu'elles en ont l'air de lapalissades. Ne nous lassons pas, cependant, de les répéter, d'en prendre conscience, de les considérer comme vitales pour nous. Ne cessons jamais d'en attiser le feu de notre haine, pour qu'il demeure inextinguible malgré tant de sophismes qui tâchent à l'étouffer sous leur cendre.

Ne nous a-t-on pas affirmé tout d'abord (j'entends des gens de chez nous, et non des moins écoutés) que le militarisme prussien était seul responsable de cette guerre, et qu'il fallait en vouloir à lui seul et non à la race allemande ? N'ai-je pas lu quelque part, je ne dirai pas où, un appel à notre pitié en faveur de ces *pauvres* Boches, menés au massacre contre nous, de force, par leurs hobereaux d'officiers, avec des mitrailleuses braquées dans le dos ?

Ce n'est pas avec des mitrailleuses, quand
même, ni seulement le revolver sur la gorge,
que leurs hobereaux les ont poussés, ces *pauvres*
brutes, à commettre toutes les atrocités et les
infamies dont furent ensanglantées et souillées
la Belgique et nos provinces du Nord et de l'Est.
Ils s'y sont livrés, rués, vautrés, de tout leur
instinct bestial, ces anthropoïdes. Et il y avait
parmi eux des instituteurs ! Et dans le porte-
feuille d'une de ces *pauvres* brutes, on a trouvé
une lettre de sa douce moitié, où cette mégère
lui écrivait :

« Surtout, n'est-ce pas, n'épargne ni les
femmes ni les enfants ! »

Qu'il puisse exister là-bas des épouses de ce
gabarit, voilà qui en dit long sur l'âme allemande,
et qui coupe court à toute sensiblerie pitoyable
en sa faveur. Et qu'une pareille gaupe y soit
une exception, comment le croire, quand on lit
tels ou tels carnets de route, recueillis sur les
cadavres de leurs maris, et dans lesquels ces
sauvages se vantent d'avoir fusillé, brûlé,
éventré, des vieillards, des femmes et des
enfants ? N'étaient-ils pas, ces récits de leurs
exploits, écrits pour en régaler au retour leurs
abominables compagnes?

Aussi bien cette âme allemande, capable de

semblables forfaits, ne cherche-t-elle pas à s'en disculper. Au contraire, elle s'en glorifie. Et cette honteuse glorification, c'est son élite même qui la formule, qui la proclame, et qui a la prétention de faire agenouiller le monde entier devant elle comme devant l'ostensoir de la culture germanique.

On connaît de reste le manifeste cynique des Intellectuels allemands, celui des Universités allemandes, la propagande effrénée, à travers les pays neutres, de leurs docteurs, de leurs journalistes, même de leurs pasteurs, tous d'accord pour l'apothéose de cette culture germanique, et pour oser la rendre solidaire du militarisme prussien, au point d'ériger en article de foi que *cette culture et ce militarisme ne font qu'un.*

Après un aveu de ce calibre, comment un esprit sensé pourrait-il encore conserver le moindre doute sur l'unité de l'âme allemande? Et même sans cet aveu théorique, ne fut-elle point prouvée en fait, dès le début, par cette mise en pratique, devançant et justifiant l'aveu, des socialistes allemands qui brûlèrent leur drapeau rouge aux pieds de la statue de Bismarck?

Entre ceux-ci d'un côté, et de l'autre le pasteur Hein approuvant les fusillades de femmes et d'enfants belges *au nom de la pure doctrine chrétienne*, entre les carnets d'instituteurs notant avec joie leurs massacres d'innocents, et les manifestes d'Intellectuels et d'universitaires en faveur de ces horreurs, *nécessaires au triomphe de la culture allemande*, n'y a-t-il pas corrélation complète, entente nationale, communion absolue, et finalement la constatation irréfragable de cette vérité qui nous interdit toute pitié pour l'âme allemande :

« L'âme allemande, elle est hideuse, et il n'y en a qu'une ! »

Oh ! oui, je le répète, cette âme-là, c'est la négation même de la nôtre. Et la preuve, c'est que, fût-ce pour en avoir la haine, légitime, mais intégrale, dont nous devons l'exécrer, il nous faut tendre tout notre être dans un effort quasi contre nature.

Car nous sommes, nous, fils de la belle et douce culture méditerranéenne, mal faits pour haïr. Amoureux de justice, de charité, épris du droit, toujours prêts à défendre celui des faibles contre l'oppression tyrannique des forts, nous avons dans le sang, depuis quatre mille ans déjà, la religion de la bonté fraternelle entre les hommes, et, comme dit Shakespeare, le cœur plein du lait de l'humaine tendresse.

Mais quoi, cependant ? Si nous ne savions point les haïr, ces Barbares ne croyant qu'à la force, ces sectaires d'un soi-disant nouvel Evangile qui met la science elle-même au service de la pire brutalité, si nous gardions à leur égard un peu de cette tendre pitié qu'ils n'ont à l'égard de personne, ce n'est pas pour nous autres seulement que nous accepterions la condamnation à mort prononcée par eux contre nous, c'est pour l'Humanité entière que nous consentirions au monstrueux arrêt.

Or, ce crime envers l'Humanité, nous n'avons pas le droit d'en être complices. Dépositaires de la civilisation méditerranéenne, dont Marseille fut une des portes ensoleillées, notre devoir est de la maintenir, afin que le monde ne retombe plus aux ténèbres.

C'est pourquoi nous, peuple d'amour, il faut aujourd'hui nous montrer peuple de haine, puisque de cette haine, assouvie contre l'âme allemande, jaillira une flamme d'amour plus haute encore, illuminant et réchauffant toute l'âme humaine.

C'est pourquoi un sage et doux philosophe comme Maeterlinck n'a pas craint de vouer cette âme allemande à l'extermination.

C'est pourquoi le poète que je suis, ami des

gueux, plein de pitié pour tous les misérables,
je demeure et veux qu'on soit haineux pour ces
prétendus Forts impitoyables aux Faibles, je
ferme mon cœur à eux seuls qui rêvent de tarir
dans les cœurs le lait de l'humaine tendresse,
et je prêche férocement la croisade contre cette
âme sans âme, jusqu'à son total anéantissement.

26 novembre.

XXVIII

Pour la tour.

« Laquelle?

— Comment, laquelle? Il n'y en a pas deux,
voyons! Il n'y en a qu'une, devant qui toutes
s'abolissent, toutes absolument, les plus illustres
de l'histoire et les plus merveilleuses de la
légende. Il n'y a plus, il ne peut plus y avoir
désormais que celle-là. Pour nous, et aussi pour
l'histoire, et même pour la légende, il ne saurait
subsister et il ne subsistera qu'elle au monde,
elle seule et unique.

— Je n'ose plus comprendre. Est-ce que, réellement, vous voulez parler de...?

— Mais oui, d'elle. Osez comprendre, et jus-

qu'au bout. Et regardez-la! Et contemplez-la!
Elle, c'est bien d'elle que je parle. Elle, qui est
ici et qui vous crève les yeux.

— La Tour Eiffel, quoi?

— Rédame! »

Et c'est vrai, pourtant, la pauvre grande,
qu'elle nous crève les yeux, toujours, plus que
jamais, malgré l'habitude que nous en avons
prise à la longue. Et c'est vrai que, naguère
encore, surtout pour nous autres artistes, elle
nous les crevait d'une façon qui nous semblait
agressive et insolente, par son manque total de
beauté, avec sa silhouette de monstre antédilu-
vien, aux quatre larges pieds massifs de mastodonte et au col sans fin de reptile.

Et nous n'étions pas seuls, nous autres artistes,
à sentir et à juger ainsi. C'est tout le peuple parisien qui en faisait autant, et dont nous tradui-
sions le goût, choqué par l'insolite et laid gratte-
ciel.

Il est notre inspirateur et notre maître en art,
ce peuple, pareil au peuple athénien de jadis, et
qui aime la proportion, la sobriété, jusque dans
la grandeur. Ses regards, éduqués par la vue
quotidienne, depuis tant de siècles, des monuments qui sont les fleurs de pierre fleurissant
son cher Paris, ses regards de fin connaisseur

étaient blessés par cette fleur de fer trop énorme
et trop raide.

On avait beau nous dire et lui dire que c'était
là une manière de chef-d'œuvre attestant et
annonçant une architecture nouvelle, et même
l'art de demain. On n'y croyait pas, ni lui, ni
nous. On préférait le vieux jeu, les tours de
Notre-Dame, la flèche de la Sainte-Chapelle.
Même dans le plus moderne, on préférait, comme
jet vers les nues, la colonne Vendôme avec
Napoléon en haut, et, comme tas glorieux, l'Arc-
de-Triomphe, avec la « Marseillaise » de Rude
en bas.

Mais toi, tour Eiffel, tas de fonte par le bas,
aiguille d'acier par le haut, treillis en fil de fer
quand on te regardait de loin, lourde charpente
géométrique lorsque tu vous écrasais de près, on
ne pouvait voir en toi qu'un bibelot démesuré,
une sorte de presse-papier pour géant, et l'on
te blaguait, et c'était de toute justice, n'est-ce
pas?

Que veux-tu? Paris n'a pas le *béguin* du
colossal; et il faut que la grandeur soit belle, et
que cette beauté soit en même temps jolie, et
qu'à cette joliesse, à cette beauté, à cette grandeur, s'ajoute encore la poésie des souvenirs et

du sentiment, pour qu'il donne à tout cela son cœur de femme.

Et voilà pourquoi tu ne l'avais pas, son cœur aimant, pauvre tour Eiffel!

Mais à présent, sois tranquille, tu es en train de le conquérir, je t'en réponds. Tu as déjà conquis le nôtre, à nous les artistes, sache-le. Car, avant d'être des artistes, nous sommes des Français, des Parisiens. Et si nous ne faisons que traduire les sensations de notre Paris, de son peuple, apprends, par ce que nous sentons désormais à ton égard, ce qu'il doit sentir, lui aussi. Ecoute, pauvre grande méprisée, ce que tu m'as fait éprouver à moi, par exemple, à l'un des enfants du peuple parisien, au premier venu.

C'était l'autre nuit, en pleine nuit, au retour d'une longue soirée d'angoisses auprès de blessés, à l'ambulance. Je rentrais dans mon quartier voisin du tien, par un haut boulevard de Passy, où il faisait noir comme l'Erèbe, et un froid de loup sous la bise aigre.

Soudain, à ma gauche, dans les ténèbres du ciel gelé, sans étoiles, j'entendis parler une voix haute, nette, calme, et qui semblait jeter des mots de lumière. Ils s'envolaient par crépitements, eût-on dit, comme du soleil éclatant en

rayons cassés, comme les plis du drapeau changés
en oiseaux battant des ailes.

Puis, des silences. Et l'on percevait en haut de
l'ombre, dans ces silences, un frisson d'attente.
J'y devinais les vibrations de tes antennes qui
happaient celles de l'espace et les recevaient
ainsi que des baisers.

Ah! ces mots de lumière, ces rais parlants,
ces oiseaux aux ailes d'éclairs, ces baisers bus à
travers le vide de la nuit, ils descendaient de
toi, s'élançaient de toi, chantaient en toi, et en
moi aussi, qui en étais tout secoué, tout haletant,
vibrant de tous mes nerfs à toutes tes vibrations,
vivant de ta vie, et comprenant ce que tu disais.

Sans pouvoir ni savoir analyser ton verbe,
bien sûr, mais enivré jusqu'au fond de l'être,
jusqu'aux moelles, par le sens qui m'en pene-
trait, et dont tout Parisien eût été pénétré
comme moi, puisque c'est de nous et pour nous
que tu parlais, et de la France et pour la
France.

Ainsi que le chant du muezzin que j'avais
entendu, là-bas, en Orient, exprimant l'âme
d'une cité endormie, et faisant monter vers le
ciel le jet d'eau de sa prière, toi, tu exprimais
l'âme de Paris et la projetais à l'horizon, en

prière aussi, en ardente prière de foi, de courage et d'espérance, vers nos frères sur le front, vers nos alliés lointains sur l'autre front. Et de cette voix en prière, une extase religieuse coulait dans leurs cœurs et dans les nôtres.

— Hardi, nos gars! criais-tu à ceux des Flandres, de l'Aisne, de la Champagne et des Vosges. Tenez toujours bon! Gardez devant vous sans les lâcher, les deux millions d'ennemis qui vous étreignent en vain, et tuez-en le plus possible avant de laisser partir ce qui en restera. Hardi! Moins vous en laisserez, et plus libre sera, pour nos amis les Russes, la route vers Berlin! Hardi, nos gars des Flandres, de l'Aisne, de la Champagne et des Vosges! Tenez toujours bon, mes poilus!

Et, à nos amis de là-haut, de tout là-haut, tu disais :

— Soyez tranquilles! On vous mâche la besogne ici. Prenez tout votre temps pour amasser toute votre marée d'hommes, pour qu'elle déferle en inondation irrésistible jusqu'au centre vital de l'ennemi exécré. Paris attend, calme, le sourire aux lèvres, la Noël que vous lui avez promise. Les Marie-Louise de France vont rejoindre leurs aînés. On écrasera dans leurs terriers, on les y usera, les taupes qui ont foui notre sol, les bêtes puantes qui ont assassiné et souillé la sublime Belgique. Comptez sur nous, amis Russes, comme nous comptons sur vous. Hardi, tous!

Et ta grande voix parlait sans fin. Et les bonnes réponses t'arrivaient sans fin aussi. Et l'espace était illuminé, joyeux, religieux, par ce va et vient de courage, d'espérance et de foi que tu lançais et recevais à travers les ténèbres, sans fin, sans fin, avec ton verbe d'éclairs crépitants, avec les frissons de tes antennes, avec tes baisers de maman en qui tous tes enfants communiaient.

Ah! qui donc, maintenant, oserait dire, et même penser, que nous ne t'aimons pas tous, à plein cœur reconnaissant, brave tour, naguère encore honnie des artistes et blaguée par les Parigots? Où est-il, ce blasphémateur, qu'on le honnisse? Qui sait si on n'irait pas jusqu'à le lapider à ta gloire, en te demandant pardon à genoux?

Et ce serait justice, n'est-ce pas? Car tu es la seule, l'unique, celle devant qui s'aboliront toutes les autres, les plus illustres de l'histoire et les plus merveilleuses de la légende. Car tu l'as conquis, et à plein, à fond, le cœur de Paris, le cœur de la France, le cœur du monde.

Et tu es belle aussi, ô notre tour! Oui, nous le sentons, nous le savons, nous le dirons, nous le chanterons, et l'humanité le répétera. Oui, tu es belle, brave tour, chère bonne fée, tu es belle, enfin, et pour toujours, va, pauvre grande, va, notre aimée?

2 décembre.

XXIX

Deux âmes.

Je disais l'autre jour, avec toute l'énergie dont je suis capable, que l'âme allemande est la négation même de la nôtre, qu'elle a condamné la nôtre à mort, et que nous avons donc le devoir absolu de lutter contre l'âme allemande jusqu'à son total anéantissement.

La vérité que j'affirmais tout d'abord, et l'implacable conclusion que j'étais bien obligé d'en tirer ensuite, m'ont valu quelques lettres, et notamment deux auxquelles on me demande de répondre. Je réponds.

Non pas à la seconde, touchant l'implacable conclusion et qui m'accuse de férocité. Je crois, en effet, m'être expliqué suffisamment l'autre

jour sur cette implacabilité nécessaire, à laquelle
nous ne pouvons nous dérober sans trahir et
notre propre salut et celui de la civilisation elle-
même, puisque nous en sommes les gardiens.

Reste à justifier les assertions d'où cette conclusion découle, à savoir que l'âme allemande a
condamné la nôtre à mort, et qu'elle l'a fait
parce qu'elle est la négation même de la nôtre.

Sur le premier point, aucun doute possible
pour personne! Ce n'est pas d'hier, c'est depuis
quarante-quatre ans, c'est depuis toujours, que
l'âme allemande a condamné la nôtre à mort.

En vain, dans l'angoisse des déroutes pro-
chaines, elle essaie aujourd'hui de nous donner
le change, et va jusqu'à oser nous faire risette,
réservant désormais, paraît-il, toute son exécration pour nos seuls alliés, et nous flattant, nous,
de son admiration presque attendrie. On voit
clair dans le jeu du Barbare hypocrite, de
l'assassin maquillé en Tartufe, qui voudrait nous
détacher de nos amis.

Mais il a beau faire, sa risette cache mal le
rictus de la haine qui retroussait les babines de
la bête immonde aux jours de l'attaque brusquée;
et cette haine, pour qu'on l'oublie jamais, a
laissé trop de traces abominables par tant de
crimes, de massacres, d'incendies, de viols,

d'atrocités sans nom, à travers dix de nos départements envahis, ruinés, souillés et martyrisés.

Quoi qu'ils puissent dire et faire à l'heure maintenant certaine de la reddition des comptes, ils n'effaceront point ces témoignages accablants pour leur scélératesse. Que l'Allemagne ait voulu, de toute son âme, l'assassinat de la France et de l'âme française, qu'elle en ait prémédité sans relâche l'arrêt de mort, que ses armées de brutes aient tenté l'exécution de cet arrêt par tous les moyens, y compris les pires tortures, c'est un fait indéniable dont son élite elle-même a proclamé l'aveu, formulé la théorie, chanté le monstrueux et cynique *magnificat*, et dont elle cuve encore, devant l'indignation du monde entier, l'ivresse crapuleuse, à plat ventre dans la boue et dans le sang.

Et voilà précisément, cette profession de foi hideuse, cette communion consciente des plus graves intellectuels d'en haut avec les plus abjectes brutes d'en bas, voilà par quoi se manifeste à plein que leur âme est la négation même de la nôtre. Pour établir la vérité de mon assertion, un argument de ce poids-là, et significatif à tel point, suffirait tout seul, sans plus. Car on y contemple, sous une lumière aveuglante, et jusqu'au fond, l'abîme d'horreur que représente ce qu'ils ont pour idéal ; et ce qui est notre idéal, à nous, n'en paraît que mieux un sommet inaccessible à leur âme.

Leur idéal, glorifié par leurs plus hauts esprits, c'est le règne de la Force érigée en Droit et justifiant la domination par l'emploi des moyens les plus exécrables, s'il le faut. Le nôtre, dont s'inspirent jusqu'aux plus humbles esprits de chez nous, c'est tout l'opposé, c'est le règne du Droit, n'imposant sa règle, à la Force elle-même, que par l'emploi des moyens honorables, et surtout par le sacrifice, non des autres, mais de soi.

Fût-ce pour faire triompher le Droit, il nous serait impossible de consentir à massacrer des innocents, des femmes, des enfants, des vieillards. Fût-ce dans l'exaspération de la vengeance, il nous demeurerait interdit d'en venir là, puisque notre sensibilité, notre humanité, s'y opposerait. Et si, par quelque soudaine aberration, certains d'entre nous, les plus ignorants, les plus arriérés, rétrogradaient à ce degré de sauvagerie, toute notre élite pousserait contre eux une clameur de réprobation et de dégoût.

Il n'y a point, dans notre élite, un seul esprit, si sceptique soit-il, si amoral, si paradoxalement dénué de préjugés qu'on le suppose, qui oserait dire, comme leur chancelier d'empire, que les traités sont des chiffons de papier. S'il s'en trouvait un, la foule serait unanime à le huer ou à le traiter de dément.

Ainsi cette foule, chez nous, les petits, même les illettrés, ont un sentiment de l'honneur et de la justice que les plus grands de chez eux ne connaissent point. Un atavisme de civilisation donne au dernier de nos paysans une délicatesse morale qui reste lettre morte pour leurs artistes les plus raffinés et leurs savants les plus illustres.

Les deux âmes sont impénétrables, irréductibles l'une à l'autre. Elles ne parlent pas la même langue. Ou plutôt, osons dire toute la vérité, notre ouverture d'esprit nous permet, au besoin, de comprendre leur âme sans approuver ce qu'ils pensent, tandis que leur esprit épais demeure clos non seulement à nos vocables, mais à ce qu'ils signifient.

Et voilà aussi pourquoi ces théoriciens de la Force n'ont pas même entendu exactement ce que doit être en somme cette Force dont ils ont fait leur Déesse suprême. Ils ne la conçoivent que matérielle. Ils l'ignorent sous sa forme la plus noble, et la seule vraiment forte. Ils n'ont pas notion de ce qu'est la Force morale.

De là leurs armées de soudards automates, ces

machines merveilleusement combinées, aux rouages prétendus parfaits, mais qui soudain, à la moindre vis détraquée, se déclancheront en débâcle, en panique. Car nous les reverrons, nous allons bientôt les revoir, n'en doutons pas, les effondrements d'après Iéna.

Cependant nos armées à nous, presque improvisées, au lieu de s'user en combattant, s'y améliorent, changeant leurs conscrits en grognards, changeant même, ce qui est plus admirable encore, jusqu'à leur nature quand il le faut, devenus taupes si on les oblige à la guerre de taupes, et retrouvant tout de même, dès que l'occasion s'en présente, leur essor d'alouettes gauloises avec l'aéroplane, et leur élan à la baïonnette hors des tranchées avec l'air de *la goutte à boire là-haut*.

C'est que leurs soudards automatiques ont l'âme allemande, disciplinée à coups de plat de sabre et à coups de botte, tandis que nos pioupious ont l'âme française, disciplinée à coups de clairon et à coups d'enthousiasme, et soutenue, et vivifiée, et illuminée, par la Force morale, plus forte que la Force uniquement matérielle.

Car l'âme allemande a pour idéal grossier, brutal, criminel, celui de ses intellectuels déments; et l'âme française a pour idéal sublime, aussi bien chez les humbles que chez les esprits d'en haut, l'irrésistible besoin du sacrifice, en faveur du pays, et de la civilisation, et de l'humanité entière.

Voilà pourquoi, aux applaudissements de tous les civilisés, aux cris de joie poussés par l'humanité entière, il faut que l'âme allemande, qui avait condamné la nôtre à mort, soit condamnée elle-même par son propre arrêt retourné contre elle; et puisque les deux âmes sont impénétrables et irréductibles l'une à l'autre, puisqu'ils ont pris conscience de la leur et que nous avons conscience de la nôtre dont la leur est la négation; puisque l'existence seule de la nôtre importe au salut du Droit, plus fort que la fausse Force et soutenu par la vraie Force qui est la Force morale; puisque nous avons ainsi avec nous la Force et le Droit, il est équitable à la fois et nécessaire que l'âme française triomphe de l'âme allemande, et qu'elle en triomphe comme l'exigeait la conclusion de l'autre jour, conclusion implacable mais fatale, c'est-à-dire qu'elle en triomphe par l'extermination, jusqu'au total anéantissement.

Ce n'est pas moi qui suis féroce : c'est la logique.

———

3 décembre.

XXX

La dernière incarnation de...

Pas celle de Vautrin, bien sûr, puisqu'elle reste la seule intéressante et belle, en somme, même après et malgré toutes les autres de l'autre !

Mais celle de cet autre, justement, celle de qui vous savez, et dont j'ai renoncé à écrire le nom, n'ayant pas dans mon encrier l'encre qu'il y faudrait, pareille à l'infernale mixture que les sorcières de *Macbeth* touillent et ratatouillent au fond de leur immonde chaudron.

Et que les Balzaciens me pardonnent, d'ailleurs, et aussi Balzac, et même et surtout Vautrin en personne, pour avoir évoqué seulement, rien que par ce titre tronqué, la sinistre et grandiose épopée du bagne où Vautrin, le Surhomme du crime, brûle et souffre, et se tord, et se change en demi-dieu comme Hercule sur son bûcher.

Le monstre innommable qui m'induit en cette évocation, il n'a rien de grandiose, lui, si atrocement sinistre qu'il soit ; et jusque dans ce qu'il a de plus sinistre, et de plus hideux dans son sinistre, toujours se mêle du ridicule, et c'est ce ridicule, tout compte fait, qui domine.

Aussi ne saurait-il être un héros d'épopée, fût-ce au bagne. Le ridicule qui le caractérise, impossible de le hausser à l'épique, sinon à l'épique burlesque de quelque horrible *Batrachomyomachie*, qui serait alors d'un burlesque macabre.

Son ambition effrénée du grandiose n'arrive qu'au colossal; et encore, en déshonorant cet honnête adjectif français sous le faux nez, le pif carnavalesque, d'un k gothique.

Tel quel, d'ailleurs, il n'en demeure pas moins un monstre, et il évoque quand même un peu, par cela d'abord, le Surhomme du crime.

Il te rappelle mal par tout le reste, ô grand Vautrin, lui, ce Soushomme qui remplace ta fameuse *palatine* de poilu par sa moustache en postiche de capitan, cet évadé du cabanon comme tu l'étais du bagne, ce lamentable exemplaire d'humanité en régression, physiquement infirme et moralement aliéné, ce dégénéré au bras en atrophie et aux oreilles qui coulent, cet avant-dernier fruit d'une race dont le dernier rejeton n'est plus que du *déliquium*.

Ce par quoi il te rappelle le mieux, malgré

tant de tares, ô toi, Vautrin le subtil, l'ingénieux, l'insaisissable, c'est par ses avatars sans nombre, par ses dons de camouflage qui, à côté de toi, le Surhomme du crime, font de lui, on doit le proclamer, quelque chose comme l'Empereur du grime.

Oh! ses incarnations! Quel Homère en fera le dénombrement pour une Iliade burlesque des faux nez? A celui-là, s'il veut commencer le poème, j'offrirai volontiers quelques renseignements touchant une des premières incarnations du fantoche.

Il y a une quarantaine d'années environ, peut-être un peu moins, je le vis à Bonn, l'apprenti monstre. Il avait alors pour maître de français un de mes bons amis, le doux et fin poète Amédée Pigeon, à qui nous étions allés rendre visite en passant, mon cher Maurice Bouchor et moi.

Oh! combien il était mal choisi, notre suave Pigeon, pour donner la becquée de notre belle langue à ce jeune vautour qui jouait déjà les aigles bicéphales! Songez que Pigeon fut plus tard, avec Bouchor et votre serviteur, parmi les récitants des exquises et poétiques marionnettes de la rue Vivienne.

Hélas! qu'aurait-il pensé de son élève, le

tendre ami, aujourd'hui disparu, s'il avait assisté, comme nous, aux autres et extraordinaires incarnations de *l'étrange serpent* qu'il *allaitait* alors (j'ose m'exprimer de la sorte), notre Pigeon, digne de son nom, vrai pigeon sans fiel?

De quel fiel son cœur eût été inondé, et en quel rictus d'exécration se fût changé peu à peu son discret sourire, s'il eût vu l'étudiant de Bonn devenir tout d'abord le mauvais fils désirant et hâtant la mort de son père, puis le prince ingrat sacrifiant en Bismarck le créateur de l'empire allemand, terrible monstre, lui aussi, mais grandiose, celui-là, et que seul le Kaiser avait le devoir d'admirer et de respecter!

Et au rictus de haine, quel pli amer, méprisant, bafoueur, se fût ajouté sur les lèvres du fin et ironique Pigeon, si Parisien, en contemplant jusqu'au fond tous les abîmes de ridicule où le cerveau malade de son élève allait piquer des têtes et perdre finalement la tête!

Nous l'avons vu, nous, en amiral, proclamant que l'avenir de l'Allemagne était sur la mer, en Lohengrin casqué du pangermanisme, en artiste passant de la peinture à l'art dramatique, en kapell-meister conduisant des symphonies, en simili-Napoléon apparaissant au seuil des chambrées de sa garde, avec son bras de laine dans le creux de son gilet, en stratège présidant à l'écrasement de cette même garde devant Nancy, en commis-voyageur de la défaite parcourant tout son empire dans un train protégé contre les avions par un maquillage à la Croix-Rouge, et en *empereur du monde*, et en apôtre conversant à tu et à toi avec son vieux dieu, et en mystique ayant des visions où la Vierge polonaise lui parle, et encore en Turc, en mamamouchi, oui, même cela, dans des portraits dont il inonde le monde musulman, déguisé en fils du Prophète, le fez au front, et prêt, selon toute vraisemblance, à se faire, comme tel, circoncire, par la baïonnette d'un turco, j'espère bien.

Oh! ses incarnations! Qu'en aurais-tu pensé, mon cher Amédée, mon compagnon des marionnettes? Qu'en dirais-tu, ô grand Vautrin? N'en serais-tu pas un peu jaloux, toi? Non, hein? Tu en rirais à te faire éclater les côtes sous ta *palatine.* Et il n'y aurait qu'à en rire, en effet, si ce ridicule Empereur du grime n'avait pour pavois un tas d'horreurs commises en son nom, et auprès desquelles tu n'es qu'un innocent, toi, le Surhomme du crime.

Mais patience! Voici qu'ils approchent, voici qu'on les entend sourdre à l'horizon, les effondrements d'après Iéna! Voici que va venir sa dernière incarnation, à celui dont je ne saurais écrire le nom maudit qu'avec la mixture infernale touillée dans leur immonde chaudron par les sorcières de *Macbeth*.

Et cette dernière incarnation, c'est celle que Macduff le vengeur prédit à Macbeth, et que Macbeth a évitée en se faisant tuer bravement, et que tu n'éviteras point, toi, toi que je refuse de nommer. Ecoute! C'est Shakespeare qui parle, traduit par l'ami du doux Pigeon, de ton ancien maître. Écoute :

Rends-toi donc, lâche, alors, et vis pour qu'on s'amuse
De ta honte, pour qu'on la montre à l'univers.
Nous te peindrons sur une enseigne avec des vers
Où l'on racontera ta ridicule histoire
Comme on fait pour les monstres au champ de foire.
On criera : « C'est ici le tyran des tyrans!
« Venez voir! »

Et si elle mérite quelque récompense, la haine que te t'ai vouée, ô toi que je ne nomme point, je n'en demande pas d'autre que celle-ci : c'est de faire le boniment de ta honte devant la baraque; et je le hurlerai alors, ton nom, à pleine voix, dans le seul porte-voix qui lui convienne, dans le porte-voix en fer-blanc du saltimbanque.

———

10 décembre.

XXXI

Les Japonais.

Eh ! oui, voyons ! Que l'on se décide à les faire venir ! Pourquoi donc pas ?

On hésite, on tâtonne, on embrouille la question de *si*, de *mais*, de *car*, soi-disant diplomatiques, à travers toutes sortes de sous-entendus et de biais qui l'obscurcissent. Allons droit à elle et osons la regarder bien en face, à la simple clarté du bon sens, qui l'illumine.

En somme, trois objections, sans plus, se dressent contre l'appel aux Japonais. Les voici, formulées brutalement : il nous coûtera cher ; il n'est pas digne de l'Europe ; il risque de lui être dangereux dans l'avenir.

Je répondrai tout à l'heure à ces trois objections, que j'espère pouvoir réfuter victorieusement. Mais je demande à poser d'abord, aussi brutalement que je viens de les poser elles-mêmes, un fait indiscutable et qui devrait couper dans sa racine toute discussion à leur endroit.

Ce fait, c'est que l'appel aux Japonais s'impose comme nécessaire, par application de l'adage impérieux *primunt vivere, deinde philosophari*, autrement dit, en bon français : *il s'agit, avant tout, de vivre; on fera de la philosophie après.*

Non pas que cet appel soit une façon de crier au secours, et l'aveu que nous nous sentons en péril ! Jamais, en effet, nous n'avons été plus certains du triomphe définitif qui doit couronner fatalement nos efforts. Et ce n'est pas nous seuls qui en avons la certitude absolue ; c'est l'humanité entière qui partage avec nous cette foi.

Elle est lasse, elle aussi, indignée, écœurée, du cauchemar monstrueux que fait peser sur le monde la démence germanique, et elle veut en être délivrée, et elle sait que nous l'en délivrerons, et à jamais, en nous en délivrant nous-mêmes.

Mais elle sait de reste, comme nous le savons, que cette libération finale exigera encore des efforts sans nombre, d'énormes pertes, des ruines, des flots de sang. Elle sait que nous n'hésiterons pas à payer cette libération de ce prix abominable, puisque nous *voulons* et *pouvons* arriver ainsi, non seulement à la fin du cauchemar, mais à l'impossibilité qu'en renaisse jamais même la menace.

Or, ce but, que nous atteindrons, après quelle dure et longue attente, après combien de sacrifices, voici que l'occasion nous est offerte d'y toucher par un chemin plus bref, d'un raccourci foudroyant, qui nous épargnerait tant de deuils; et nous ne le prendrions pas, ce chemin! Par quelle aberration? Et cette aberration ne serait-elle pas, en vérité, un crime?

Car s'il n'y a aucun doute possible touchant la certitude de notre victoire finale, il n'y en a pas davantage sur ce point : l'appel aux Japonais ferait sonner infiniment plus tôt l'heure de cette victoire. Oui, sans eux, nous vaincrons, voilà qui est entendu, et comme il faut que nous vainquions, complètement, jusqu'à la mort du pangermanisme, jusqu'au total anéantissement de la Prusse; mais avec eux, c'est tout de suite que nous allons vaincre.

Tout de suite, comprenez-vous? Et vous délibérez! Et vous discutez! Et vous hésitez encore?

Soit, alors, discutons!

On devra, dites-vous, payer cher cette aide inappréciable. Mais vous oubliez, d'abord, que le chasseur, venu à la rescousse, ayant droit à une part de la curée, se paiera sur la bête. Et vous oubliez aussi que l'Allemagne, avec ses usines, ses mines, ses chemins de fer, est bonne pour un gage d'au moins, à dire d'expert, cent milliards.

Et, puisque vous voulez parler chiffres, uniquement, avez-vous calculé ce que représenterait celui de toutes nos pertes et de toutes nos dépenses au cours d'une lutte indéfiniment prolongée? Avez-vous calculé, ô gens d'affaires, le prodigieux déficit économique causé par la diminution du nombre des travailleurs immolés comme soldats? Faites donc le bilan de tout le capital, aboli par la mort de tant de héros, si vous ne les comptez que comme producteurs de capital, ô capitalistes?

Allez, même exorbitant, le prix que demanderait l'aide japonaise, comparé à ces prix-là, serait encore, n'en doutez pas, du bon marché.

Mais sortons de ces marchandages à la Shylock, je vous prie, et passons aux deux objections plus nobles, puisqu'on en masque la première, que j'ai presque honte à discuter.

Donc, l'appel aux Japonais ne serait pas digne de l'Europe, prétendent quelques-uns! Auraient-ils pris, ceux-là, par hasard, le mot-d'ordre, injurieusement mégalomane, auprès du Kaiser imbu des billevesées gobinesques, et qui s'imagine être un Surhomme commandant à une nation de Surhommes, tandis que toutes les

autres races sont des races inférieures, et qui
s'est permis à ce titre, le pauvre fol, d'appeler
les nobles fils du Soleil-Levant des *singes jaunes ?*

Mais, ô Boches triplement Boches, Soushommes
en régression vers les pires anthropoïdes, et qui
le prouvez par votre guerre de brutes sauvages,
faut-il donc vous apprendre qu'au temps, préhis-
torique pour vous, où vous mangiez encore des
racines et des glands dans vos cavernes, les
Jaunes possédaient déjà une histoire, que la
vôtre n'égalera jamais?

O grossiers soudards, allez donc prendre des
leçons de politesse raffinée, et aussi d'héroïsme
chevaleresque, auprès des Samouraïs anciens et
modernes, rivaux en galanterie guerrière avec
nos gentilshommes de Fontenoy!

Mais ce qui est indigne de l'Europe, c'est de
vous compter parmi ses habitants, ô incendiaires
de Louvain, ô bombardeurs de Reims, ô fusil-
leurs de femmes et d'enfants, ô peuple d'espions
et d'apaches!

Et s'il y a un danger futur à redouter pour
l'Europe, ce n'est pas d'y introduire cette race de
fine et forte et glorieuse culture, digne de se
fondre avec la nôtre, capable d'ajouter quelque
chose à la civilisation méditerranéenne; mais
c'est d'y tolérer plus longtemps votre race à vous,

dernier vestige de l'antique Barbarie bestiale.

Contre les Barbares que vous êtes toujours, et pour qu'on s'en délivre à jamais, et au plus vite, et avec le minimum possible de massacres, sauf pour vous, il est bon et il est juste que s'unissent tous les civilisés du monde. Ceux de l'Extrême-Orient ont le droit et le devoir d'en être.

O nobles Japonais, vous êtes les désirés et vous serez les bienvenus. On vous attend.

------

16 décembre.

XXXII

Noël ! Noël !

Tant crie l'on Noël, qu'il vient.
FRANÇOIS VILLON.

Eh ! oui, sans doute, qu'il vient ! A force de l'appeler, on finit toujours par le faire venir.

Mais avec quelle lenteur particulièrement lente il semblait venir, cette année-ci ! De quel pas traînant, hésitant, boiteux, presque honteux, comme s'il avait envie de manquer, pour la première fois, au rendez-vous annuel où le saluent les souvenirs émus des parents et les joyeux espoirs des enfants !

Dame ! Il ne faut pas trop lui en vouloir, de

cette morne allure. Il n'était guère encouragé à venir, le pauvret! Songez plutôt, et mettez-vous, pour voir, à sa place.

On ne criait pas vers lui, ainsi que d'ordinaire, à grands cris de fête prochaine. Si l'on songeait encore à l'appeler, de-ci de-là, par habitude, ce n'était qu'à voix basse, faible et triste. Il reste si peu de foyers au complet, si peu de familles sans larmes!

Et même ces quelques vagues cris de tout petits demeurés insoucieux, comment pouvait-il les entendre, le lamentable et désolé Noël en route, parmi toutes les clameurs et tous les vacarmes dont retentit lugubrement le ciel? Il avait beau tendre l'oreille, il n'arrivait pas à les percevoir, ces quelques vagues cris si rares, tant il était assourdi par les tonnerres des batailles, les hurlements des charges à la baïonnette, et les plaintes des blessés, et les râles des mourants, et les gémissements douloureux de tant de maisons en deuil.

Aussi avait-il bien le droit, le malheureux Noël, *pécaïre*, de se demander si c'était vraiment la peine, cette année-ci, de venir dans un monde pareil.

Et cependant, malgré tout, jusque dans cette sinistre ambiance de mort, il faut que la vie continue à vivre. Elle le veut. Elle en a non seulement le droit, mais le devoir.

Voilà pourquoi l'on a bien fait d'obliger Noël à entendre, quand même, les cris des tout petits s'obstinant à l'appeler ; voilà pourquoi il est juste et bon qu'ils l'appellent de toutes leurs forces, et qu'on l'appelle avec eux, et qu'il vienne pour eux comme à l'ordinaire ; voilà pourquoi ils l'auront, les tout petits de 1914, leur Noël de chaque année.

Bénie sois-tu entre toutes les villes, ô bonne, affable, accueillante et souriante ville de Marseille, qui, la première, et sans l'ombre d'une hésitation, et à plein cœur, en as eu la pensée tendre, et qui vas réaliser ce beau rêve avec une si large et si chaleureuse maternité !

Je te reconnais bien là, fille de la Grèce antique, héritière et dépositaire de son âme où s'est épanouie la jeunesse en fleurs de l'humanité, porte d'or et d'azur par laquelle cette âme est entrée chez nous et est devenue la nôtre, ô sœur de cette noble Athènes qui, seule, dans le monde ancien, avait dressé un autel à la Pitié et un autre au Dieu inconnu.

Cette Pitié toujours prête à allaiter toutes les misères, toi aussi tu lui as dressé un autel, toi, dernière capitale de la civilisation méditerra-

néenne antique, et première capitale de cette
même civilisation dans le monde moderne, toi
qui as propagé de la Grèce à la Gaule cette religion de la pitié pour les faibles, seule vraie forme
de la justice.

Et le dieu inconnu dont le nom était ignoré
d'Athènes, c'est celui que tu as toujours fêté si
joliment dans tes exquises pastorales ; c'est celui
qui ne craint pas de s'amuser aux facéties elles-
mêmes, gracieuses jusque dans leur irrévérence,
de Berthoumiou et du brave Pistachiet ; c'est
celui qui est l'ami des humbles et des souf-
frants, et leur consolateur et le semeur de
toutes les espérances ; c'est celui vers qui les
petits de 1914 vont encore, comme les petits de
naguère et de jadis depuis tant et tant d'années,
crier joyeusement Noël, Noël !

Car c'est joyeusement qu'ils vont le crier, n'en
doutons pas, et tu as bien voulu, n'est-ce pas,
joyeuse Marseille, qu'ils le criassent ainsi ?

Sans distinction aucune, de rang ni d'opinion
parmi leurs parents, tous unis, parents et enfants, dans le vieux souvenir du Noël fêté par
tant de générations, ils auront la fête qui leur
est due, les chers petits, puisqu'ils sont la vie
qui continue à vivre, qui veut vivre, qui a le
droit et le devoir de vivre, puisqu'ils sont l'es-

poir de demain, du demain que nous leur préparons.

On n'oubliera pas, en effet, même eux les tout petits, même parmi les bruits de la fête et sa joie, on n'oubliera pas leurs pères, en train de se battre là-haut pour conserver à la France et au monde cette lumière de la civilisation dont tu nous as transmis l'étincelle sacrée, ô Marseille !

On leur donnera leur Noël comme si leurs pères étaient là, pour qu'ils n'aient pas à trop souffrir de les savoir absents; mais ils seront présents, ces pères, puisque c'est en leur nom et de leur part que la fête sera offerte. Et cette présence auguste, il faudra que tous la sentent, et qu'on la fasse resplendir plus tard dans l'âme des enfants, grâce aux semailles de lumière qu'on y jettera ce jour-là par toutes les étoiles fleurissant l'arbre de Noël.

Au fur et à mesure qu'ils deviendront des hommes, ces petits, on avivera en eux ce beau souvenir, on en attisera la flamme, on leur dira pourquoi leurs pères étaient absents au Noël de 1914, et ce qu'ils faisaient là-haut, quelle noble, héroïque et féconde besogne ils y besognaient contre les Barbares. On leur apprendra que ces Barbares voulaient renverser l'autel de la Pitié, fouler aux pieds, dans la boue et dans le sang, l'autel du Dieu inconnu. On leur chantera la gloire des vaillants qui auront abattu la Bête immonde. On leur expliquera pourquoi nous avons dû, par amour de la Pitié, nous faire impitoyables envers ses ennemis.

Et les tout petits, gardant ce pur souvenir dans le sanctuaire de leur âme, ces tout petits devenus grands, ces enfants de chœur qui auront fêté ainsi le Noël de 1914, c'est eux à leur tour qui le feront plus tard crier à leurs enfants, l'hosanna de délivrance pour la France et pour l'humanité, le cri d'espoir toujours renaissant, toujours immortellement joyeux, tout le *Magnificat* éclatant dans cet unique mot : Noël ! Noël !

17 décembre.

XXXIII

Les grands « petits peuples ».

Car il y a aussi, en vérité, la Serbie et le Monténégro ; et nous serions iniques et ingrats si nous ne pensions pas à leur donner les places dont ils sont dignes, dans ce Panthéon de gloire où notre reconnaissance et notre culte ont apothéosé déjà, sur la croix de son martyre pour autel, la sublime Belgique

Certes, elle y demeure, elle, et y demeurera sans doute à jamais, l'image la plus haute et la plus vénérable. Son acte et son exemple ne sont-ils pas un miracle unique dans l'histoire de tous les peuples, grands et petits?

Ce n'est point, en effet, uniquement à la défense de son sol envahi et de son existence menacée qu'elle s'est offerte en sacrifice. Cela, d'autres peuples, grands et petits, l'avaient fait avant elle ; et les miracles de ce genre, si beaux soient-ils, sont d'usage courant dans les luttes où les indépendances nationales fleurissent en fleurs de sang. Elle-même, la Belgique, en compte, et des plus admirables, aux pages héroïques de ses annales.

Cette fois, cependant, elle a trouvé moyen, le monde entier le proclame, de gravir jusqu'à une cime d'héroïsme plus élevée encore, à laquelle aucun peuple n'avait jamais atteint. C'est à l'idéal même de l'humanité en marche vers la civilisation la plus pure, c'est au Droit, à la Justice, à l'Honneur, qu'elle s'est immolée; et en sachant que cette immolation suprême comportait d'abord son sol envahi, sa vie saignée à blanc; et en le voulant ainsi, avec tous les sup-

plices, avec tout le martyre; et en le voulant de
toute sa volonté surhumaine, poussée jusqu'à
l'holocauste divin.

Voilà pourquoi la place la plus haute et la plus
sacrée lui demeure acquise à jamais, dans le
Panthéon de gloire où elle se dresse sur sa
croix, où elle semble y agoniser, mais en attendant l'heure certaine et prochaine de sa triom-
phale résurrection.

A ses côtés néanmoins, et ayant bien gagné
d'y être, voici qu'ils entrent à leur tour dans le
temple auguste, ces deux autres petits peuples
haussés au rang des grands peuples, la Serbie et
le Monténégro. Ils y entrent aussi pour avoir
défendu, non seulement leur indépendance et
leur vie en péril, mais, tout ensemble, le Droit,
la Justice et l'Honneur, à qui leur indépendance
et leur vie importent. Ils y entrent pour avoir
été de la sorte, fût-ce inconsciemment, les soldats dévoués à l'idéal même de l'humanité en
marche vers la civilisation la plus pure.

Et quels soldats splendides ! Et de quelle vail-
lante allure! Et avec quelle ténacité! Et dans
quelles conditions d'infériorité numérique qui
semblaient les condamner d'avance au plus inévitable écrasement final! Et quand même, fina-

lement, en aboutissant à la victoire la plus extraordinaire peut-être, en tout cas la plus imprévue, et à coup sûr la plus complète, jusqu'ici, de toute la campagne!

Car voilà cinq mois que les deux cent cinquante mille hommes de ces deux petits peuples combattent sans relâche contre un demi-million d'Autrichiens, de Prussiens, de Hongrois, de Bavarois, et leur infligent défaites sur défaites! Et Belgrade a été bombardée, bombardée et rebombardée, trois mois durant, sans que l'on pût vraiment jamais la prendre! Et l'ennemi n'y est entré enfin que le jour où une retraite stratégique lui en a ouvert les portes! Et il n'y est entré, d'ailleurs, que pour en ressortir plus vite encore, chassé par une réoffensive foudroyante, comparable au chef-d'œuvre de notre Joffre sur la Marne! Et ce triomphe de conclusion a pour garants plus de cinquante mille prisonniers germaniques, et des canons, des mitrailleuses, des fusils, des munitions, du butin, conquis, à ne savoir qu'en faire!

Tant et si bien que l'orgueilleuse Autriche a été forcée de s'humilier au point de faire des propositions honteuses de paix aux deux braves petits peuples, devenus grands par son humiliation.

Et dire que le général de Bernhardi, le fameux et cynique théoricien de la brutalité allemande, a osé naguère affirmer, comme un article de foi dominant tout son hideux Evangile de la Force, la nécessité de les anéantir, ces petits peuples! Comme il se doutait peu de ce qu'est la vraie, l'unique force, la Force morale, lui qui formulait ce principe monstrueux : « *Il est déraisonnable et scandaleux de prétendre qu'un peuple faible a le droit de vivre, absolument ainsi qu'un peuple puissant et en pleine vigueur* » !

Mais ils n'y entreront jamais, ces peuples soi-disant puissants et en pleine vigueur, l'Allemagne et l'Autriche, dans le Panthéon de gloire où la sublime Belgique rayonne sur sa croix de martyre, et qui ouvre désormais son sanctuaire à la Serbie et au Monténégro! Ils n'y sauraient pénétrer, ces faux grands peuples. Ils le souilleraient. On n'y peut admettre et vénérer que les vrais grands, parmi lesquels les plus chers seront toujours les grands petits peuples.

Oh! de quelle piété attendrie on les aime, ceux-là! Comme leur image y resplendit dans les ostensoirs gardant leurs reliques sacrés! Combien il est doux et réconfortant de prier devant ces reliques! L'humanité s'honore elle-même en les honorant. Son histoire en est fleurie et illuminée.

Les grands petits peuples, souvenez-vous,
c'est la Grèce moderne se libérant de l'oppression turque, c'est la Hongrie de Petœfi Sandor,
c'est la Hollande abritant la pensée exilée, c'est
les Pays-Bas faisant la guerre des Gueux, c'est
le Portugal essaimant sur toutes les mers, c'est la
Suisse de Guillaume Tell, c'est la Palestine d'où
est sorti le christianisme révolutionnant le
monde, c'est la Grèce des Thermopyles, de Marathon et de Salamine contre qui s'est brisée en
vaines écumes la première marée de la Barbarie.

Voilà les grands petits peuples de naguère et
de jadis, les seuls qui soient dignes de l'apothéose dans le Panthéon de gloire où la sublime
Belgique, sur l'autel de sa croix, érige aujour-
d'hui le *laburum* de l'humanité, où la Serbie et
le Monténégro viennent de prendre rang à ses
côtés, où une place d'honneur vous attend à
votre tour, si vous avez le cœur de suivre ces
nobles exemples, ô petits peuples qui ne devez
plus rester des peuples neutres, et que je ne
veux point nommer ici par respect de cette neutralité même, mais qui n'avez qu'à vous unir à
nous contre les derniers Barbares pour devenir,
vous aussi, songez-y bien, de grands petits
peuples!

24 décembre.

XXXIV

Le soleil levant.

Pourquoi mes regards, comme pris à l'aimant d'une irrésistible attirance, se tournent-ils encore et toujours vers toi, noble Japon que décore ce beau nom symbolique : l'empire du Soleil Levant ?

Sans doute on va croire, et d'aucuns auront peut-être la malice facile de me le reprocher, que c'est par pure fantaisie de poète lyrique, parce que le symbole de ce nom allume dans mes yeux de songeur des clartés imaginaires, et parce que mon cœur de patriote, s'exaltant à ces clartés, y voit poindre et déjà fleurir l'aube de la victoire prochaine.

Même si c'était pour cela seulement, pour nourrir notre juste espérance et pour la faire accoucher de notre certitude, je n'estimerais pas qu'il y eût lieu de m'en défendre. Dans la grande bataille où nous sommes, chacun doit se battre à son poste et avec ses moyens ; et mon devoir de vieux clairon, lequel a fait le coup de feu en son temps, consiste désormais à sonner la diane des énergies et la charge qui les précipite en avant.

Telle ne sera pas cependant ma besogne aujourd'hui. Ni de la diane, ni de la charge, au point où ils font halte pour un moment, ils n'en ont vraiment besoin, nos poilus.

Mais ce que je veux leur sonner, et sonner surtout à ceux et à celles qui les chérissent, à leurs parents, à leurs mères, à leurs femmes, à leurs sœurs, à leurs promises, à leurs aimées, c'est une fanfare ; et si je la sonne face au Soleil Levant, vers ce Japon au beau nom symbolique, c'est que, plus je pense à lui, plus on y pense autour de moi, et mieux il en donne la note expressive, le *la* fondamental, de cette fanfare joyeuse, tout ensemble à nos cœurs et à nos raisons.

Ah ! ce qu'il m'a valu de lettres, passionnées et passionnantes, le premier accent de cette fanfare, poussé ici voilà quinze jours, en faveur de l'appel aux Japonais ! Lettres d'officiers, de diplomates, d'industriels, d'économistes, experts en la matière ! Lettres de pères, de mamans, d'épouses, appartenant aux diverses classes de la société, depuis les plus hautes jusqu'aux plus humbles, et tous ayant voix au chapitre, je pense! Et tous, ceux qui raisonnent comme ceux et celles qui se contentent de sentir et d'aimer, tous d'accord sur ce point essentiel et catégorique, sur ce nœud gordien du problème, à savoir que cette guerre doit finir fatalement par notre juste triomphe, mais qu'il faut tout faire pour que cette fin soit d'une rapidité foudroyante!

Non pas que l'on manifeste la moindre lassitude ni l'ombre d'un découragement, à l'idée des longs et pénibles efforts qui pourraient être encore nécessaires. Ceux qui attendent dans l'angoisse, aussi bien que ceux qui luttent dans les tranchées, tous ont en eux l'âme patiente, tenace et sereine, de notre admirable Joffre, voilà qui est entendu. C'est la consigne et le mot d'ordre qu'observera jusqu'au bout la France entière.

Mais quand même, si l'on peut l'abréger, cette interminable route vers la victoire certaine, si l'on se trouve devant un raccourci menant droit au but, n'a-t-on pas le droit de rêver ce rêve, et même le devoir de le réaliser?

Que d'existences précieuses, nécessaires à l'avenir de la patrie, on économiserait de la sorte! Combien de deuils seraient ainsi épargnés aux familles! De quelque prix que l'on dût

payer une telle économie, une épargne pareille,
leur caractère sacré ne le rend-il pas modique et
sans importance aucune, ce prix, parût-il excessif! Et qui donc aurait l'affreux courage de le
marchander? Que celui-là osè lever la main, et
les mères le lapideront.

Mais il ne l'est même pas, ce prix, il ne l'est
pas, excessif; et les diplomates et les économistes sont les premiers à le dire, avec preuves à
l'appui. Que l'on veuille bien se rappeler seulement, entre autres chiffres, celui que j'ai donné
naguère, garanti par des calculs compétents, le
chiffre colossal des milliards que l'ennemi
abattu laisserait comme gage de sa dette, servant à payer la nôtre.

Mais l'arrivée des Japonais en Europe aurait-il
réellement pour résultat immédiat la conclusion
foudroyante de la guerre? Telle est la suprême
objection à quoi peuvent s'accrocher encore quelques pessimistes, si tant est qu'il en reste parmi
nous.

Eh! bien, ceux-là, qu'il consentent donc à
regarder, non pas même vers le Soleil Levant,
dont ils doutent, mais autour d'eux en Europe,
et aussi dans le monde entier. Ils verront partout monter la marée de l'indignation universelle

contre la menace de l'hégémonie des Barbares.
Ils constateront que les neutres, et jusqu'aux
plus neutres, ne le sont plus réellement, efficacement, qu'ils en gardent l'attitude, pas davantage, mais qu'ils sont prêts à se libérer de cette
attitude elle-même, parce qu'elle leur pèse,
parce qu'ils en ont comme une honte, parce
qu'elle va devenir un danger pour leur honneur
de nation, pour leur renom de civilisés, pour
leurs intérêts, pour leur existence.

La formidable machine de guerre qu'était
l'Allemagne, et qu'ils pouvaient croire indestruc-
tible, ils la sentent qui se détraque peu à peu,
qui perd l'un après l'autre ses plus solides bou-
lons, ses rouages les mieux combinés, ses vis
indispensables, et qu'elle est condamnée à s'ef-
fondrer sous un coup suprême, déterminant le
déclanchement de son soi-disant parfait orga-
nisme.

Or, ce coup suprême, ce n'est pas même l'arrivée des Japonais qui le frappera, c'est la seule
annonce de leur arrivée ; et c'est le monde entier
qui en fera l'effort, y compris les neutres, forcés à se décider et à prendre enfin parti, et pour
le monde, et *pour nous*, et pour eux.

Voilà ce qui me fait, vieux clairon soufflant
éperdument dans mon cuivre, sonner l'appel

aux Japonais, sonner face au Soleil Levant, les
yeux illuminés par l'aube que j'y vois poindre,
sonner à la fois la charge du dernier assaut qui
achèvera la bataille, et la diane du dernier jour
tout proche où va s'épanouir le soleil de notre
juste victoire.

———

25 décembre.

XXXV

Le bon feu.

Dans un article récent où l'on donnait à nos
soldats de judicieux conseils touchant la façon
d'allumer et entretenir le feu, l'auteur voulut
bien me complimenter sur ce qu'il appelait ma
maîtrise en cet art.

J'accepte l'éloge sans fausse modestie et vais
tâcher de ne pas en être trop indigne.

Oui, en effet, je sais faire le feu, l'attiser. le
conserver, le tenir couvé sous la cendre et prêt
à renaître quand on l'y croit mort, et souffler sur
les plus petits braisillons pour qu'en jaillisse à
nouveau la belle et grande flamme rouge
qu'emmaillotait le linceul gris.

Mais ce n'est pas seulement le feu dont il

parlait, le feu qui réchauffe quand on a froid, l'humble feu de l'âtre autour duquel devisaient mes aïeux paysans, ni même le feu plus humble encore du foyer nomade transporté aux quatre coins du monde par mes autres ancêtres plus lointains, ce n'est pas seulement ces feux-là que je m'enorgueillis de rendre inextinguibles, en thaumaturge toujours sûr de son miracle.

Il est un feu plus rare, de nature moins familière à notre race, un feu propagateur de terribles incendies, un feu qui cependant m'est plus cher et plus doux en ce moment que tous les feux imaginables, un feu qui me semble désormais l'unique feu à faire, l'unique à souffler, l'unique à aimer.

C'est le feu de la haine, le feu qui veut qu'on soit impitoyable, précisément contre ceux qui ont voulu assassiner la pitié. Plus on avait de tendresse pour elle, cette pauvre et humaine pitié, plus on doit être dur envers les inhumains qui l'ont mise au martyre, et qui ont failli devenir les maîtres d'un monde où elle n'existerait plus.

Le voilà aujourd'hui, le feu dans l'art duquel je tâche et tâcherai jusqu'au bout d'avoir la maîtrise qui engendre le miracle. Le voilà, le feu que je ne laisserai point emmailloter dans le linceul gris de la cendre où l'oubli finirait par l'étouffer, le feu dont les plus petits braisillons me serviront, en soufflant dessus sans relâche, à y ressusciter la belle et grande flamme rouge, inextinguible et dévoratrice.

Cette flamme de la haine, c'est vers l'amour qu'elle flambe, vers l'amour du pays, vers l'amour du droit, de l'honneur, de la justice, de la pitié, de l'humanité.

Puissé-je consumer mon dernier souffle à la ranimer si on veut l'éteindre, à en garder pieusement les grains dans les tisons noirs où elle a l'air de dormir et d'être morte, et d'où l'on peut et doit voir jaillir à nouveau sa fleur de pourpre et d'or, non seulement dévoratrice, mais purificatrice! Puissé-je alors disparaître de la vie sans emporter d'autre gloire que d'avoir été, en effet, *celui qui savait faire le feu!*

Mais ce feu-là surtout, ce feu-là!

30 décembre.

XXXVI

L'hallali.

Malgré ce titre qui évoque des visions romantiques de chasse et qui pourrait m'induire à ses tentations de poème, ce n'est pas en poète que je veux parler aujourd'hui, c'est en observateur regardant froidement les choses telles qu'elles sont. Je ne ferai point résonner le cor lyrique. Je tâcherai de raisonner, sans plus. Et cependant on n'en percevra que mieux, je crois, dans la réalité précise des faits, la réalité même de l'incontestable hallali annonçant la bête aux abois.

Certes, aussi bien chez nous que là-haut chez nos amis les Russes, elle ne recule que lentement, très lentement, pas à pas, la bête redoutable. Et il fallait s'y attendre, à cette lenteur. Comment espérer qu'une pareille énergie, tendue et accumulée depuis quarante-quatre ans, allait se détendre et se dissoudre sous la première poussée de nos efforts?

Mais sous l'irrésistible poussée de ces efforts tenaces, renouvelés incessamment et jamais las, elle s'est détendue et dissoute quand même, à la longue, voilà ce que nous avons le droit de constater, et sans y mettre la moindre forfanterie. Et que cette détente et cette dissolution soient fatalement vouées à s'accélérer de jour en jour jusqu'au jour de l'effondrement final, et que ce jour soit peut-être prochain, voilà ce que des signes certains nous permettent désormais de prophétiser à coup sûr.

Et d'abord, après l'extraordinaire élan de son attaque brusquée, et manquée, la bête a dû passer de l'offensive foudroyante à la défensive plus humble. Elle nous a condamnés, mais elle s'est condamnée aussi, à cette guerre de taupes où elle pensait nous user, où elle s'est usée plus vite et plus à fond que nous. Elle n'y a point retrouvé son élan du début. Nous y avons continué, nous, l'élan magnifique par lequel nous avions repris l'offensive avec le miracle de la Marne.

Car il dure toujours, ce miracle. S'il ne se manifeste plus à grands coups, impossibles dans cette dispute acharnée des tranchées, il s'y perpétue en avances dont les progrès s'additionnent, et surtout par notre endurance qui reste de bonne humeur, par la supériorité chaque jour mieux établie de notre artillerie lourde, par la mollesse

de la leur à y répondre, faute de munitions
peut-être, mais faute, plus probablement, de
leur énergie enfin détendue et prête à se dissoudre.

On n'en saurait douter, vraiment, de cette
lassitude, de cette usure, tant les témoignages
en abondent, que fournissent, pour la dissimuler, et ne la prouvant que mieux ainsi, les
colères de leurs dirigeants, les rodomontades où
ils s'excitent en vain, les artifices qu'emploient
leurs chefs pour redonner du cœur à la bête
fourbue.

Est-ce qu'ils n'en sont pas venus, ces chefs,
quand ils veulent maintenant pousser leurs
troupes dans des charges où elles renâclent,
jusqu'à les « doper », avec de l'alcool mêlé
d'éther? Oui, comme le pratiquent les jockeys
tricheurs qui truquent les chevaux de course. La
chose est attestée par des médecins, après obser-
vations prises sur des blessés faits prisonniers.

Et que signifient, d'autre part, les ridicules
croquemitaineries de leur amiralissime von Tirpitz, menaçant l'Angleterre de l'encercler dans
une farandole de sous-marins géants? Et les
cascades et cacades de mensonges sous lesquelles
se noie et perd pied leur cynique chancelier von
Bethmann-Hollweg essayant de réfuter notre

Livre Jaune? Et les cloaques d'injures que vomit
à pleine gueule la *Gazette de Francfort*, contre le
compte rendu de la séance où nos Chambres ont
su si hautement affirmer et confirmer, à la face
et avec l'approbation du monde, la scélératesse
de la guerre voulue par l'Allemagne?

Que signifient toutes ces explosions et tous
ces débordements de rage, sinon que l'Allemagne
se sent offensée, parce qu'il n'y a que la vérité
qui offense; sinon qu'elle l'avoue, et à la face du
monde, elle aussi; sinon que la bête grince des
dents parce que sa bile les lui agace; sinon
qu'elle la mâche et la remâche, et s'en soûle, de
cette bile; sinon qu'elle s'imagine nous faire
peur par ces grincements et ces écumes, et faire
peur au monde, tandis que nous en rions, de sa
bile, et de sa rage, et de ses crocs, oui, nous en
rions, nous et le monde avec nous, puisqu'on
voit que ses terribles crocs commencent à branler
dans leurs gencives!

Car la voilà surtout, la suprême constatation
de fait qui permet de pronostiquer à coup sûr,
et à brève échéance peut-être, l'hallali annonçant que la bête est aux abois : c'est la constatation du « consensus » universel pour crier haro
sur elle et sonner à son trépas inévitable.

Tous les peuples ont compris maintenant que

la Barbarie déchaînée n'en voulait pas seulement à nous et à nos alliés, mais qu'elle menaçait bel et bien tous les peuples. En vain la bête a essayé, pour séduire les neutres, de changer son muffle de carnassier en grimace affectueuse, son rictus en sourire. Ils ne s'y sont pas long-temps trompés, à cette gueule jouant le cul-de-poule. Notre gouaille leur a vite appris que cette poule, à tout le moins, était de celles dont le bec a des dents, et même des dents d'ogre; et comme ces dents pouvaient les manger après nous avoir mangés, ils préféreront, et préfèrent déjà, se mettre avec nous pour les arracher et tuer la bête.

Et ce sera justice, ainsi que concluaient jadis les condamnations à mort, ainsi qu'aurait pu conclure aujourd'hui l'arrêt motivé, impartial et compétent, rendu contre l'Allemagne par la « Société de législation comparée », laquelle compte au nombre de ses membres les jurisconsultes, les professeurs de droit, et les magistrats, les plus illustres du monde entier.

A l'unanimité, après des considérants sans réplique, ce haut tribunal sans appel vient, en effet, de prononcer cette sentence, à savoir que l'Allemagne s'est mise et demeure hors du droit des gens.

N'est-ce pas l'appel au monde entier pour qu'il exécute cette sentence? N'est-ce pas la certitude que cette exécution est désormais inévitable? N'est-ce pas, enfin, l'hallali tel que je l'avais promis, annonçant la bête aux abois, et pour lequel je n'ai pas eu besoin de faire résonner le cor lyrique, mais bien de raisonner, sans plus?

31 décembre.

XXXVII

Voix de 1915.

Ne dites pas, avec un brin d'envie peut-être, et certainement avec beaucoup de dédain, ne dites pas, ô gens à la foi éteinte ou à l'imagination mort-née, ne dites pas que personne désormais n'a le droit de prophétiser parmi vous, et que celui-là, qui ferait mine, sans plus, d'y prétendre, doit être considéré à l'avance comme un orgueilleux soûl de son orgueil, ou pour le moins comme un pauvre fol au lamentable cerveau chaviré dans ses rêvasseries!

Ne dites pas, ô gens d'ironie trop facile ou d'hypocrite indignation, ne dites pas que les temps miraculeux ne sont plus où une Jeanne d'Arc pouvait entendre des voix, et qu'il atteindrait donc le comble du ridicule, et tout ensemble du sacrilége, le quidam saugrenu qui aurait le *culot* (telle serait, je crois, votre expression) d'affirmer qu'aujourd'hui, mercredi 30 décembre 1914, il en a entendu aussi, lui, des voix!

Ne dites rien de tout cela, je vous en supplie, ô gens de grand bon sens, après tout, à qui je rends hommage comme représentants de ce bon sens si essentiellement français, mais que j'ai le devoir impérieux de contredire si vous dites quoi que ce soit de tout cela, puisque j'ai l'honneur de vous présenter, et je vous en demande pardon, ce prétendu orgueilleux, ce fou possible, ce quidam saugrenu, selon vous, bref, ce probable olibrius, sous les très humbles espèces de votre serviteur, le simple lyrique et l'ingénu poète que je suis!

Eh! bien, oui, je le confesse, et je n'en tire aucune vanité, d'ailleurs, et je ne m'en fais pas accroire pour si peu, mais je n'hésite pas à en témoigner sans la moindre fausse modestie, moi qui vous parle, aujourd'hui mercredi 30 décembre 1914, j'ai entendu, et je les entends encore, des voix, oui, des voix, parlant à ma personne.

Oh! ce n'était pas, je le proclame tout de suite, des voix miraculeuses venant du ciel, des voix

de mystère, des voix d'archanges avec le timbre
de l'au-delà. C'était des voix beaucoup moins
extraordinaires, ou, pour mieux dire, c'était des
voix absolument ordinaires, des voix que vous
appelleriez même volontiers, dans le langage
courant de la conversation, tout ce qu'il y a de
plus ordinaire. A tel point que l'être le plus dénué
de foi ou d'imagination aurait pu les entendre
comme moi. Vous voyez qu'il n'y a vraiment pas
de quoi être fier parce qu'on les a entendues!

C'était, en effet, des voix arrivant de 1915, qui
est si proche, dont nous séparent trente-six
heures à peine, moins encore à l'heure où vous
lirez ceci; et ces voix avaient pour timbre, ou
plutôt pour organe, la voix même qui vous est si
chère et si familière, la voix qui nous persuade
le mieux, nous autres Français, tous tant que
nous sommes, je veux dire la voix du bon sens.

Elles me parlaient, toutes ces voix, par l'organe
de cette voix unique, et avec quel accent de con-
viction, de preuve irréfutable, de certitude absolue, elles me parlaient, et vous parleraient si
vous vouliez bien leur prêter l'oreille, des raisons sans nombre et sans appel que nous avons
pour avoir foi dans notre victoire, pour la voir
déjà se dresser glorieuse devant nous comme si
nous en tenions à plein poing la palme.

Elles me disaient l'usure de l'ennemi et l'endurance des nôtres, la démence du kaiser et la sagesse de Joffre, l'accord du monde entier maintenant conquis à la juste cause du droit, de l'honneur, de la civilisation, de l'humanité, cette humanité prête à entrer toute dans la sainte croisade contre la Barbarie haïe universellement, et les neutres les plus neutres forcés à ne l'être plus dans ce duel dont l'issue ne saurait être fatale pour nous sans le devenir pour eux-mêmes, et finalement, et sûrement, et absolument, la Bête immonde et féroce, dangereuse à tous les hommes, condamnée à mort par tous les hommes, et ainsi l'horrible cancer de l'hégémonie germaine extirpé, non seulement du sol français et du sol belge, mais de la Terre elle-même, puisque, selon le grand et juste cri lyrique du sage Maeterlinck, cette opération est nécessaire à la santé de la planète !

Ah ! comme auprès de ce beau cri, poussé par amour du genre humain, il me semblait hideux, ce cri de haine qu'a hurlé naguère leur poète, le conseiller de cour Heinrich Vierordt ! Vous en souvient-il ? Relisez-les, ces paroles de fiel et de rage, écrites par un homme qui avait été l'hôte de la France, et qui alors l'avait proclamée « *un pays de charme incomparable, unique au monde* pour la grâce de son accueil et la douceur de ses mœurs ». Relisez-le, son atroce chant de sauvage! On ne saurait trop le relire.

HAIS, ALLEMAGNE.

O toi, Allemagne, maintenant, hais!
Avec un cœur de fer, égorge des millions d'hommes
de cette race diabolique.
Et que jusqu'au ciel, plus haut que les monts,
S'entassent sa chair qui fume et ses os fracassés!
O toi, Allemagne, maintenant hais!
Bardée d'airain, ne fais pas de prisonniers, et
pour chaque ennemi, baïonnette au cœur!
Rends-les tous, l'un après l'autre, muets!
Change en déserts tous les pays qui te servent
de ceinture!
O toi, Allemagne, maintenant hais!

Ah! les voix de 1915, celles que j'ai entendues, et que vous entendrez comme moi si vous voulez bien leur prêter l'oreille, ce n'est pas ainsi qu'elles le chantaient à la mienne, le chant féroce, et voici la version nouvelle qu'elles en donnaient, et que nous chanterons avec le monde entier en 1915 :

PLEURE, ALLEMAGNE.

O toi, Allemagne, maintenant pleure!

*C'est tes millions d'hommes au cœur de fer qui
sont égorgés, race immonde,*

Et jusqu'au ciel et plus haut que les monts,

S'entassent ta chair fumante et tes os fracassés.

O toi, Allemagne, maintenant pleure!

*Donc, tu ne faisais pas de prisonniers? Pour
chacun de leurs lâches assassins, baïonnette au
cœur!*

Tous les soudards, l'un après l'autre, muets!

C'est toi que le monde a changé en désert!

O toi, Allemagne morte, nul ne te pleure.

8 janvier 1915.

XXXVIII

Le périscope.

Ne prenez pas la peine de chercher ce mot
dans le dictionnaire de l'Académie française,
ni même dans le Littré, non plus que chez
Hatzfeld et Darmesteter. Ce serait peine perdue.
Vous ne l'y trouveriez point.

Sans doute auriez-vous chance de le dénicher
en quelque lexique de publication plus récente,
paru depuis qu'il existe des sous-marins. Et vous
apprendriez alors que le périscope est un appa-

reil d'optique grâce auquel les habitants de ces étranges bateaux peuvent, tout en restant immergés, regarder autour d'eux à la surface des eaux. Et cela déjà est assez féerique.

Mais ce périscope-là, peu de gens avaient occasion de s'en servir, et donc, à part dans leur monde social et restreint, on ne le connaissait guère. Le périscope dont j'ai à vous parler aujourd'hui, et qui sera inscrit dans tous les lexiques de demain, jouit d'une notoriété fort répandue, au contraire, et parmi un monde qui n'a rien de restreint, puisqu'il se compose de plusieurs millions d'hommes. C'est le périscope en usage dans le monde des tranchées.

Ainsi que l'indique son nom, tiré du grec, le périscope nouveau, comme celui des sous-marins, jette bien un regard horizontal et circulaire. Mais l'œil qui jette ce regard est, ici, l'œil d'un enterré en quelque sorte.

Enterré joyeux; car la tranchée l'abrite des balles et de la mitraille. Enterré redoutable aussi; car, tout en demeurant clos et couvert contre les balles et cette mitraille, il peut choisir la minute précise d'en envoyer lui-même des volées efficaces.

Et c'est pourquoi l'on est de si bonne humeur dans les tranchées. Dans les nôtres, bien entendu, où l'on emploie si magistralement le périscope, et où l'on a toujours le sourire à la française.

Dans les tranchées des Boches beaucoup moins, croyez-le et n'en doutez pas! Oui, beaucoup moins, et même pas du tout, pour dire vrai. Et si je me permets de vous le dire et de vous l'apprendre (au cas où vous en douteriez), c'est que j'ai la joie d'en être certain et qu'à moi-même, on m'a permis de vous les donner, cette bonne certitude et cette joie réconfortante.

J'y ai donc mis l'œil, moi qui vous parle, au magique périscope? Non, non, ne me portez pas envie tout de suite, et attendez que je m'explique.

Et d'abord, pourquoi ne l'y aurais-je pas mis un peu, après tout? Et pourquoi m'en voudrait-on si j'avais trouvé moyen de l'y mettre? Mais, encore un coup, non, ne m'accusez pas d'avoir abusé, de m'être fait octroyer un tel privilège, auquel ont droit seulement les hôtes de la tranchée.

Mais il y a périscope et périscope, comme il y a fagot et fagot, voilà tout. Je m'expliquerai plus tard là-dessus, et je vous expliquerai bien d'autres choses encore, qui demandent à être expliquées et connues de tous, et qui de tous restent absolument inconnues, parce que ceux-là qui pourraient les faire connaître sont des modestes et des silencieux qui croiraient perdre leur temps à les dire.

Et qu'il serait beau pourtant de les dire, ces choses, et bon que tout le monde pût les savoir! Ah! si vous saviez! J'en ai les regards pleins, moi, et le cerveau en ébullition, et le cœur prêt à éclater d'ivresse enthousiaste. Les mots me brûlent les lèvres pour vous les crier. Et j'étouffe à les garder en moi.

Je choisirai ceux qu'il faut, plus à loisir, quand j'aurai cuvé mon ivresse, raisonné mon enthousiasme, trié mes souvenirs, trouvé le biais nécessaire pour parler sans être indiscret, pour conter sans être bavard, pour ne rien lâcher risquant de me valoir le plus léger reproche des irréprochables qui m'ont fait confiance, et ne m'ont rien dit cependant, mais ont bien voulu m'autoriser à regarder, sans plus.

Aujourd'hui, dans l'éblouissement et le ravissement de ce que j'ai vu, je me contenterai de traduire seulement l'impression d'ensemble que j'en ai, toute vivante, comme on l'a d'un baiser qui vous a chaviré l'âme.

Laissons là les vaines métaphores où je me suis embarbouillé tout d'abord, avec ces périscopes, l'ancien, le nouveau, le vrai, l'imaginaire, pour essayer de vous donner foi en mon témoignage. Disons les faits ... s quels, tous crus, tous nus, dans leur âpre brutalité de faits, plus éloquente que n'importe quel lyrisme.

J'ai vu les gens, nos gens, les grands comme les petits, et tous grands. J'ai vu leurs gestes et entendu leurs voix. J'ai refait pas à pas, avec des compagnons qui l'avaient fait sous le feu et dans le sang, j'ai refait avec leur verbe pour guide, le chemin où chefs et soldats ont accompli le miracle de la Marne. J'ai vu se perpétuer ce miracle sur le front de bataille où chefs et soldats continuent à tenir en échec l'ennemi incapable de reprendre son équilibre perdu. J'ai vu des prisonniers avouant qu'ils ne peuvent plus le reprendre. J'ai vu ceux devant qui l'invincible garde prussienne a reculé aux marais de Saint-Gond, et devant qui reculent aujourd'hui les successeurs ébranlés de cette garde désormais anéantie. J'ai trempé mes mains fiévreuses de joie dans l'eau croupie de ces marais, et dans la boue enlisante des tranchées de maintenant, dans cette boue qui va devenir les nouveaux marais de Saint-Gond. J'ai vu l'ennemi en râler d'horreur à l'avance, et les nôtres répondre à ces râles, toujours avec le sourire à la française.

Pendant des heures, des heures et des heures, qui, au retour, me semblent infinies, tant elles furent gorgées de sensations, j'ai vécu un peu de leur vie, à ces héros, les grands et les petits, tous grands, et si simples dans leur grandeur, les chefs adorés, à la fois savants et téméraires, les soldats infatigués et d'inaltérable bonne humeur, et téméraires aussi quand il le faut, et savants aussi à leur façon, et tous, du plus grand au plus petit, tous certains de la victoire, tous résolus à ne pas en lâcher le moindre brin puisqu'ils la tiennent entière, tous conscients de sa prodigieuse importance qui révolutionnera l'histoire du monde, tous sachant de tout leur être qu'ils en sont les artisans divins, de ce miracle, unique dans cette histoire...

Comment et pourquoi une pareille certitude? C'est de jours et de jours que j'aurais besoin, pour vous en donner les raisons fulgurantes, pour vous dire tout le panorama qu'ont fait surgir à mes regards les heures et les heures vécues avec eux. Je tâcherai de les coordonner. les sensations dont furent gorgées ces heures ; mais je ne saurais, à l'heure présente, qu'en exprimer hâtivement le suc, le parfum, l'âme, tels que je les ai vus fleurir dans les yeux radieux des chefs et dans le sourire de leurs poilus.

XXXIX

« **Pour le front.** »

C'est le nom, extrêmement simple, comme on le voit, d'une œuvre extrêmement importante, comme on va le voir, et à laquelle il est nécessaire que s'intéressent passionnément tous les cœurs.

Il ne comporte que trois petits mots, ce nom, trois petits mots d'une syllabe chacun, et ne demandant à eux trois, pour être écrits, que onze lettres, sans plus. Mais avec ces onze lettres, ce nom, il dit d'une façon nette, précise, imagée quand même, et pleinement, et à la française, tout ce qu'il veut dire et tout ce qu'il faut dire.

L'Œuvre consiste, en effet, à faire parvenir sur le front, par la voie la plus directe, la plus rapide et la plus certaine, pour y être distribués à nos soldats, et particulièrement d'abord à ceux de première ligne, tous les genres de sous-vêtements chauds que la vie dans les tranchées leur rend de jour en jour plus indispensables.

Elle complète ainsi leur armement. A côté des

munitions de guerre, dont ils sont largement pourvus contre l'ennemi, elle leur apporte ces munitions d'aspect plus pacifique, mais dont ils n'ont pas moins besoin contre cet autre ennemi qu'est l'hiver. Elle les aide à vaincre la froidure, la pluie, la boue, l'humidité, useuses de force, détendeuses de nerfs, semeuses de maladies.

L'Œuvre existe depuis quatre mois déjà, et ses preuves ne sont plus à faire. Que de santés conservées on lui doit! Que de vaillantes énergies, dont elle a entretenu la vaillance! D'innombrables témoignages en font foi. C'est par centaines qu'il faudrait citer les lettres et les cartes de remerciements qui sont comme ses titres de noblesse, à cette Œuvre! Et cependant, loin de songer à s'en glorifier, c'est tout juste si elle ne s'en croit pas indigne, tant sa tâche se multiplie, tant elle a peur de n'y point suffire, tant ce qu'elle a fait lui semble peu de chose auprès de ce qui lui reste encore à faire!

Avec les lettres de remerciements, en effet, d'autres arrivent sans cesse, qui sont des lettres de demandes. Certains envois se sont épuisés, dont s'impose le renouvellement. Il surgit aussi des besoins nouveaux, nés de circonstances nouvelles. La froidure, la pluie, l'humidité ont redoublé d'efforts. Il faut redoubler, contre ces ennemis renforcés d'autant, les moyens de contre-attaque.

Après les sous-vêtements chauds, et même avec leur réapprovisionnement assuré, voici que l'Œuvre a dû s'ingénier à trouver d'autres munitions devenues nécessaires. Voulez-vous que nous passions la revue de détail de quelques-unes ? Elle sera consolante ; car vous apprendrez, du même coup, que l'Œuvre a su déjà pourvoir à certaines, et qu'elle veut continuer ; et vous vous réjouirez des joies que l'on peut ainsi procurer à nos défenseurs en les défendant euxmêmes contre l'hiver.

Pensez aux pauvres pieds meurtris par les souliers dont l'eau a durci le cuir, et au délassement délicieux que leur offrent de bons chaussons pendant les heures de repos ! Pensez aux souples culottes de velours, permettant de quitter les raides pantalons que l'argile et la boues séchées ont changés en gaines ! Imaginez les réchauds à l'alcool sur lesquels la bouillotte chantonne sa cantilène de caresse ! Et les sabots rustiques, réclamés par Frédéric Masson, et si doux à la marche du paysan qui en a la vieille accoutumance ! Et les bottes de feutre, cuirassées de caoutchouc imperméable, que suggérait l'autre jour Joseph Reinach ! Et que de merveilles encore, par quoi la tranchée devient un séjour paradisiaque!

Car ils vont jusqu'à la trouver telle, nos braves enfants, qui savent y vivre de belle et de bonne humeur, même sans cela, mais qui, avec cela, se proclament des enfants gâtés. Ah! leurs lettres de gratitude pour ces cadeaux féeriques, si vous les lisiez, vous en pleureriez d'attendrissement. Dire qu'ils nous rendent grâces, les chers petits, les chers grands, quand c'est nous qui devrions les remercier, et à genoux, de l'honneur qu'ils nous font en acceptant que nous ayons l'air d'être leurs bienfaiteurs!

Du moins, ayons-en, non seulement l'air, mais la chanson! Et cette Œuvre, qui nous vaut leur reconnaissance, soutenons-la de toutes nos forces et de tout notre cœur. L'Œuvre a besoin de notre aide, pour les aider. Ne la lui marchandons point. Une occasion se présente, justement, d'y collaborer. Je vous la signale. Elle est ingénieusement choisie. Ne manquez pas d'en profiter, et généreusement.

Une matinée sera donnée dimanche prochain, 17 janvier, à la Comédie-Française, sous ce titre plein de promesse patriotique:

Représentation nationale, offerte aux soldats blessés convalescents, pour les soldats combattants.

Car la recette ira bien à l'œuvre « Pour le front », c'est-à-dire à nos héros qui se battent là-bas ; mais les spectateurs seront, en grande partie, les héros qui se sont déjà battus, et qui brûlent d'aller rejoindre leurs camarades. Les places, qui leur seront distribuées dans leurs ambulances respectives, par l'entremise des chefs, auront été offertes par les personnes généreuses qui les auront louées à cet effet, et *le plus cher possible*.

Ainsi l'armée restera unie, et comme présente à cette manifestation, donnée tout ensemble en son honneur et pour elle, devant ceux de ses membres qui l'ont faite héroïque, et en faveur de ceux qui continuent à la faire glorieuse. Ainsi le public mêlé à ces assistants, et le public qui les aura envoyés, fêteront d'une seule fête l'armée souffrante et l'armée militante, dont se composera l'armée triomphante de demain. Ainsi les artistes de l'illustre Maison, qui furent jadis les comédiens du Roy et ceux de l'Empereur, seront ce jour-là les comédiens de la Nation incarnée dans son armée ; et ils joueront devant des héros, pour des héros, ce qui vaut encore mieux que de jouer devant un parterre de monarques.

Le programme de cette matinée extraordinaire, je ne vous le dis point. On tâchera qu'il soit digne de l'assistance, des donateurs, et de l'Œuvre qui est la maman-gâteau de nos bien-aimés soldats.

Quant au nom de la femme dont l'esprit inventif et le grand cœur ont trouvé ce beau geste original « pour le front », je ne vous le dirai pas non plus. Sa modestie en souffrirait. Il faudra bien pourtant qu'elle se décide à en souffrir, tôt ou tard. Car ce nom, la gratitude publique ne se contentera pas, elle, de le dire. Elle aura besoin de le crier.

11 janvier.

XL

Ecce homo.

C'est le titre d'un des étranges livres dus à leur dernier grand philosophe, qui restera, en somme, leur seul philosophe vraiment original, et qui est aussi le plus essentiellement représentatif de leur race, le dément Frédéric Nietzsche.

Chaque fois que se manifeste à plein leur barbarie féroce, comme conséquence logique de leur mégalomanie, je ne puis m'empêcher de le rou-

vrir, ce livre, de le feuilleter pour retrouver les
pages où j'ai noté au crayon rouge les pensées
les plus révélatrices, et je me délecte à constater
combien profondément toute leur race est malade
de la paralysie générale dont Nietzsche est
mort, en répétant à satiété ce lamentable aveu
final :

« Je suis une brute. Je suis une brute. Je suis
une brute. »

L'occasion de ce régal vient de m'être offerte
encore, par la publication dans la *Post*, journal
berlinois, d'un article intitulé : « Soyons durs! »
Il y est expliqué une fois de plus, avec un
cynisme dont l'unique raison est la perte absolue
de toute raison, c'est-à-dire proprement l'aliénation mentale la mieux caractérisée, il y est
expliqué que la guerre pangermaniste a le droit
et même le devoir de procéder à la conquête par
la terrorisation, et d'y employer, pour le bonheur
futur du genre humain, toute l'inhumanité possible, le pillage, l'incendie, le massacre, le viol,
les pires atrocités et les plus immondes scélératesses.

Le suave Teuton a l'air d'estimer que ses con-
génères n'ont pas encore pratiqué assez à fond
cette épouvantable, mais nécessaire méthode; et
c'est froidement qu'il leur conseille d'être durs,

de plus en plus durs, comme s'ils avaient péché jusqu'à présent par excès de douceur, de lâche mansuétude, de vaine sensibilité.

En arriver là, pouvoir écrire de telles abominations, être certain qu'on aura des lecteurs pour les approuver, et que ces lecteurs ne seront pas des fous isolés, mais bien tous les Allemands, n'est-ce pas avoir touché le fond le plus abject de la démence? Au moins, lui, le lamentable Nietzsche, après avoir touché ce fond, il en était remonté à la fin, avait vu clair en lui-même grâce à un suprême réveil de conscience, et avait conclu par cet aveu attendrissant :

« Je suis une brute. Je suis une brute. Je suis une brute. »

Hélas! il n'avait pas toujours parlé ainsi. Au temps où sa paralysie générale en était encore au stade de la verbosité déchaînée, frénétique, en explosions d'orgueil, au temps où il vivait dans son rêve du Surhomme et s'imaginait l'incarner, ce Surhomme, au temps où il écrivait *Ecce Homo*, voici quelques-unes des monstrueuses louanges dont il ne craignait pas de s'apothéoser, préludant ainsi au *Magnificat* et à l'*hosanna*, dont s'apothéose aujourd'hui la Germanie tout entière ! Savourez ces échantillons de mégalomanie :

« *Mon destin avait décrété que je serais le premier humain complet existant.* »

« *Avant l'époque où je suis né, il n'y avait point de psychologie.* »

« *Je suis le grand d'Espagne de l'intelligence.* »

« *Si tout l'esprit et toute la vertu de toutes les grandes âmes étaient réunis ensemble, ce tout n'arriverait pas à créer le moindre des discours de mon Zarathoustra.* »

« *Mon humanité ne consiste point à sympathiser avec mon prochain, mais à tolérer tout au plus que je le sente près de moi.* »

« *Je possède à moi tout seul le critérium de toutes les vérités, de toutes absolument.* »

« *Un dieu qui viendrait maintenant sur la terre ne devrait pas y faire autre chose que des injustices.* »

Mais à quoi bon multiplier ces citations de vésanie? A quoi bon prolonger ce feu d'artifice aux innombrables chandelles romaines dont le pauvre fou se faisait une auréole sans cesse rallumée? Le livre d'*Ecce Homo* en est aveuglant, ce livre dont les quatre parties ont pour sous-titres :

I. *Pourquoi je suis si sage.*
II. *Pourquoi je suis si malin.*

III. *Pourquoi j'écris des livres si parfaits.*
IV. *Pourquoi je suis une fatalité.*

Le plus drôlatique de cette sinistre histoire, c'est qu'il les avait en horreur, lui, Nietzsche, ces Allemands qui ne le comprenaient pas alors, mais qui allaient si bien, ou plutôt si mal, le comprendre, et qui devaient, en pratiquant cette philosophie d'aliéné, la mettre dans toute sa valeur hideusement anti-humaine.

Descendant de gentilshommes polonais, mais fils d'une mère Saxonne, il avait beau revendiquer son beau sang slave, ce sang d'une race particulièrement douce et tendre. C'est le sang bestial de la Saxonne qui fermentait seul dans ses veines, le sang barbare, le sang immonde, le sang d'anthropoïde, le sang qui allait crier dans la dernière confession du mourant :

« Je suis une brute. Je suis une brute. Je suis une brute. »

Ah ! triste Frédéric Nietzsche, toi qui te plaignais d'être *condamné aux Allemands*, toi qui fouaillais si dru et si justement leur *bassesse d'âme*, leur *malpropreté psychologique*, leur *ignoble vulgarité en tout*, quelle tristesse plus profonde encore t'eût déchiré le cœur, si tu avais pu prévoir qu'ils seraient les apôtres, par la parole et le fait, de ton Évangile, qu'ils le pousseraient jusqu'à ses plus infâmes conséquences, qu'ils voudraient jouer le rôle de ce dieu venu sur la terre uniquement pour n'y faire que des injustices, et qu'ils se figureraient enfin être tous le Surhomme annoncé par toi, incarné même en toi, pensais-tu, et qu'ils en seraient les derniers avatars, de ce Surhomme, eux, ces Soushommes, presque des sous-singes !

Dire, ô lugubre dieu manqué, que tu n'as même pas été bon prophète en proclamant que tu avais été *découvert* partout, excepté dans le pays *plat* de l'Europe, dans l'Allemagne ! Dire que c'est là, au contraire, chez eux dont tu avais honte, mépris, dégoût, oui, chez eux, et chez eux seuls finalement, que tu l'as été, *découvert*, et compris à fond, et assimilé, digéré, amalgamé avec leur sang de pourceau, avec leur cœur de fauve, avec leur cerveau de malades, en rut de crimes, en éruptions mégalomaniaques, en paralysie générale vouée aux plus abjectes déchéances du plus répugnant à la fois et du plus grotesque *deliquium* intellectuel et physique !

Car ils en sont là, tes disciples, les infirmes gagnés par ton infirmité, les déments d'une démence à qui toute une race est en proie. Ils en sont là, au vu et au su du monde entier, qui

les hait, qui les a, comme tu les avais, en
dégoût et en horreur. Ils en sont là, encerclés et
captifs dans le cabanon de l'exécration universelle. Et la douche, même de fer et de feu, ne
suffira point à les guérir. Il sera nécessaire de les
abattre, ainsi qu'une bête enragée dont il faudra
bien anéantir la rage avec son existence même,
sans merci, sans pitié, pour en sauvegarder
l'humanité qu'elle menace, pour que l'humanité
ne soit pas condamnée à mourir comme tu es
mort, comme ta race mourra, en répétant dans
son agonie :

« Je suis une brute. Je suis une brute. Je suis
une brute. »

14 janvier.

XLI

L'enfant du miracle.

L'enfant du miracle ! C'est le beau nom, aux
fulgurations de météore, aux caresses d'aube
annonçant l'éclosion d'un règne en terre promise, c'est le nom, à la fois féerique et religieux,
qu'inventèrent un jour deux de nos plus grands
poètes pour baptiser un prince français.

Quel prince? On ne sait plus trop. Quels deux grands poètes? On ne sait plus guère. Lamartine et Victor Hugo peut-être. A moins que ce ne soit Corneille et Racine, ou Ronsard et un satellite de sa pléiade, ou même quelque porteur de lyre encore plus lointain.

Car c'est là de l'histoire ancienne, très ancienne, n'est-ce pas, comme qui dirait perdue dans la nuit des temps, et dont l'intérêt, en tout cas, ne saurait que nous paraître désormais extrêmement vague, au prix de l'histoire présente, si prodigieuse, que nous vivons à plein cœur en plein aujourd'hui.

Il existe cependant toujours, l'enfant du miracle. Il existe même plus que jamais. Il existe d'hier seulement, pour tout dire. Il vient de naître, et nous avons assisté à sa naissance.

L'enfant du miracle, le vrai, l'unique, l'enfant dont nos poètes devraient chanter l'avènement féerique et religieux, si quelqu'un d'entre eux avait le souffle lyrique, épique, prophétique, et le buccin d'archange qu'il y faudrait, l'enfant du miracle qui flamboiera comme l'astre le plus éblouissant de nos annales, et même comme un soleil nouveau illuminant les annales du monde à venir, cet enfant du miracle est tout simple-

mont le soldat français qu'a enfanté la victoire
de la Marne.

Et ne vous défendez pas contre mon enthousiasme en disant, avec une ironie trop facile,
que je suis un pauvre vendangeur de mots, un
vigneron du verbe, soûl du vin qu'il en fait,
délirant des chimères qu'il rêve dans cette
ivresse, et mettant toute sa gloire à en soûler
les autres et à les voir délirer comme lui.

Même si je n'étais que cela, d'ailleurs, vous
n'auriez pas à vous en targuer pour vous moquer
de moi. Encore moins auriez-vous le droit de
m'en vouloir. Vous devriez plutôt m'en rendre
grâces. Car votre sourire trop sage devant mon
exaltation peut-être trop folle, il prouve que la
foi vous manque; et le vin que je veux vous
faire boire, ce n'est pas dans un verre que je
vous le tends, c'est dans un calice qui la fleure
éperdument, cette foi, et qui en parfumera toute
votre âme.

Ah! il n'en a pas besoin, lui, allez, notre
enfant du miracle, notre soldat né d'hier et qui
va nous conquérir demain! Il n'a pas besoin de
ce vin pour devenir ce que chacun de nous doit
être aujourd'hui, un croyant, un fervent, une
âme prête à sacrifier tout son corps, jusqu'à la

dernière goutte de son sang, jusqu'au dernier lambeau de sa chair, sur l'autel du dieu inconnu qu'il crée en l'adorant.

Car voilà tout juste ce qu'ils font, nos soldats, et sans phrases, sachez-le bien, sans griserie de mots, sans gloire, pour dire l'exacte vérité; mais non pas sans joie cependant; avec une joie profonde, au contraire, et en même temps ingénue; *avec le sourire*, ainsi qu'ils le répètent si joliment, avec ce sourire enfantin qui est la grâce de leur héroïsme.

Et pareillement leurs chefs, qui leur sont des amis et des camarades, comme qui dirait des frères aînés et des pères très aimants, et qui l'ont aussi à leur façon, le sourire. Qu'est-ce autre chose, en effet, cette communion intime, où la pensée du généralissime, et celle des généraux d'armée, et celle des commandants de corps d'armée, et celle des états-majors, ne font qu'une seule et même pensée? Qu'est-ce autre chose, cette confiance absolue des uns dans les autres, et cette conscience qu'ils ont tous, les plus petits comme les grands, du miracle accompli sur la Marne, de sa continuation sans cesse en progrès dans l'obscure, et lente, mais sûre marche de tranchée en tranchée? Qu'est-ce autre chose, l'obstination patiente de celui qui commande, et la patiente endurance de ceux qui obéissent, tous ayant pour unique consigne et pour suprême mot d'ordre la certitude aussi de conserver le plus grand nombre possible de vies françaises à la France triomphante de demain?

Telles sont, et sans qu'il y en ait d'autres, les raisons de leur sourire, à ces braves. Et tel est le sourire que nous devons avoir comme eux, nous pour qui ces braves ont consenti à cette obscure et pénible guerre des tranchées, quoique leur nature primesautière ne les y eût préparés nullement, quoiqu'elle y soit rebelle. C'est parce qu'ils ont eu le courage surhumain de s'y faire et d'y passer maîtres, et d'accomplir ainsi un miracle plus inattendu encore que celui de leur victoire en rase campagne, c'est parce qu'ils sont de plus en plus les enfants du miracle dans ce nouvel avatar de leur héroïsme, c'est pour cela et parce qu'ils en ont conscience, je vous l'atteste d'après leur propre témoignage, c'est pour cela qu'ils l'ont plus que jamais, le sourire.

Vous voyez bien que nous devons aussi l'avoir, si nous voulons être dignes d'eux, ou du moins n'en pas être trop indignes.

Et si, sous prétexte de les plaindre, alors

qu'ils ne se plaignent point, vous vous laissez
aller à vous plaindre vous-mêmes, comme vous
le faites quand vous trouvez trop longue cette
guerre de tranchées, quand vous vous impa-
tientez de sa durée prétendue interminable ;
si vous répondez à leur joli sourire par cette
laide grimace, dites-vous bien, du moins, que
vous êtes indignes d'eux, que votre impatience
est une sorte de lâcheté, qu'ils en auraient
honte et mépris pour vous au cas où ils en
seraient instruits ; et prenez enfin sur vous, sur
votre égoïsme, ô gens à ce point pauvres de foi,
prenez sur vous de ne pas leur donner à soupçonner chez vous cette abominable indigence,
qui serait envers eux la pire des trahisons.

Dans les lettres que vous leur envoyez, taisez
vos angoisses, et vos récriminations là-dessus,
puisqu'elles sont les vôtres à vous seuls, et non
pas les leurs. Même si vous ne l'avez point,
fût-ce point du tout, cette foi dont ils débordent
et dont se fleurit leur sourire, feignez de l'avoir,
afin qu'ils n'aient pas à vous plaindre d'abord,
puis bientôt à ne plus vous aimer. Car c'est à
quoi ils arriveraient, n'en doutez pas. Votre doute
ne saurait ébranler leur foi dans le miracle qu'ils
ont fait, et qu'ils continuent, et qu'ils accom-
pliront jusqu'à ses suprêmes conséquences ;

mais ce qu'il finirait par éteindre, ce doute, c'est leur foi en votre affection, et c'est leur affection elle-même pour vous; et, du coup, ils le perdraient, le sourire !

Mais non, n'est-ce pas, vous ne leur ferez pas cette peine, à nos braves, à nos chéris, à nos vengeurs! Le vin de foi dont il faut qu'ils soient ivres et le demeurent, vous ne l'affadirez plus avec l'eau écœurante des larmes que vous faites semblant de verser sur eux quand vous les versez sur vous seulement.

Et afin de ne plus geindre, et de l'avoir aussi, le joli sourire, vous boirez avec le poète le vin qu'il vous tend, dans un calice qui fleure éperdûment cette foi et qui en parfumera toute votre âme; vous le boirez à leur santé, à ta belle et joyeuse santé, ô enfant du miracle, le seul, le vrai, ô soldat français mis au monde, et pour la délivrance du monde, par le grand miracle de la Marne !

21 janvier.

XLII

Ceux que j'ai vus.

J'avais, il y a quinze jours, formellement pro-mis d'en parler, je l'avoue. La semaine dernière, au moment de tenir ma promesse, je me suis tu, je l'avoue aussi. Oui, pris de scrupules, je me suis tu, ou à peu de chose près.

Car si j'en ai parlé, de ceux que j'ai vus là-haut, je n'en ai parlé, somme toute, que d'une façon générale et indirecte, j'avoue encore cela. Cédant aux scrupules que je viens de dire, j'ai cru devoir n'en parler qu'à travers moi-même, par la seule expression de l'effet qu'ils m'avaient produit. Je me suis donc borné à essayer de tra-duire, tant bien que mal, et plutôt mal que bien, sans aucun doute, la joie que j'avais de les avoir vus, le vibrant enthousiasme dont leur contact m'avait exalté, le sentiment de vie intense où s'était épanoui mon être pendant les quelques jours vécus avec eux, et l'indicible foi que j'en rapportais toute chaude.

Or, il faut croire que ma promesse promettait davantage, ou du moins autre chose, et que ma façon de la tenir, en tous cas, n'a point suffi à nombre de lecteurs. Certains en ont même éprouvé comme une déception. Ils auraient aimé, m'écrivent-ils, plus de détails précis, concrets, des anecdotes, des faits, des visages. D'aucuns vont jusqu'à me demander des noms.

Je dois à ces demi-contents l'explication de mon demi-silence. Je leur dois aussi, fût-ce aux plus exigeants, de tenter l'impossible pour les satisfaire. J'y tâcherai de mon mieux aujourd'hui.

Et d'abord, qu'ils le sachent bien, ces scrupules auxquels j'ai cédé, auxquels il faut que l'on cède quand on parle de ceux que j'ai vus, c'est eux-mêmes, ceux que j'ai vus, qui les dictent. Non par un ordre, mais par une sorte de muette prière, plus forte que n'importe quel commandement, et qui émane de leur simplicité parfaite.

On craint d'être indiscret envers la confiance qu'ils ont mise à se laisser voir, si on les montre tels qu'on les a vus. Ne va-t-on pas gêner la modestie de leur héroïsme, et méconnaître l'ingénuité avec laquelle ils sont splendides si naturellement, sans y faire effort, sans presque s'apercevoir qu'ils le sont? N'aura-t-on pas l'air, et à leurs yeux surtout, de trahir en quelque sorte leur gloire, qui semble avoir pour consigne essentielle de rester anonyme?

Même en ne donnant pas leurs noms, et en me résignant ainsi à l'observer comme eux, cette consigne que m'a imposée leur muette prière, j'ai encore conscience de ne point leur obéir absolument, s'ils peuvent, eux et leurs entours, découvrir quelque ressemblance dénonciatrice dans les figures que va esquisser ma mémoire. Je m'y décide cependant, avec l'espoir qu'ils voudront bien m'excuser d'en prendre la liberté grande, mais moins grande encore que mon admiration.

Voici un officier de liaison, cité à l'ordre du jour et décoré pour avoir rempli, lui troisième, une mission où venaient d'échouer deux de ses camarades, tués l'un après l'autre. C'est un ancien saint-cyrien, et même un ex-écuyer de Saumur, mais qui n'a pas continué la carrière militaire. Il a préféré alors une vie d'aventures, d'affaires. Il a été avocat. Il a même tâté, non sans succès, notre affreux et séduisant métier d'auteur dramatique, et aussi le métier, plus affreux encore, j'imagine, et moins séduisant, de parlementaire. Il y a brillé. Il y brillera de nouveau. En attendant il est redevenu le fringant cavalier d'autrefois. On dirait qu'il n'a jamais quitté l'uniforme.

En voici un second. Je connais d'une façon plus vague ses états de service. Mais il m'a expliqué, sur les emplacements eux-mêmes, où il les avait suivis, tels faits stratégiques qu'il m'a fait revivre. Sans doute est-ce quelque lauréat de l'École de guerre? Point. C'est un des membres les plus distingués du ... (je ne peux pas dire de quoi; cela équivaudrait à son signalement). En outre, un parisien du dernier bateau, pince-sans-rire comme il y en a peu. Et ce soi-disant sceptique, cependant, devant mon enthousiasme à revivre avec lui la grande bataille expliquée, m'a sauté au cou en m'embrassant, les yeux pleins de larmes.

Celui-ci est un chef d'état-major, mais qui aime surtout, du moins à table, les causeries d'art et de littérature. Il y est original, pénétrant, même pour un homme de la *partie*. C'est un délicat. On le devine rien qu'à son petit déjeuner du matin, qui se compose de bananes et de thé. Quand on écrira un jour l'histoire détaillée de la grande bataille à laquelle je faisais tout à l'heure allusion, on saura quelle part énorme y prit, dans un petit coin, mais un coin décisif, ce délicat, cet artiste, ce mangeur de bananes arrosées de thé fin, et qu'il fut l'inspirateur d'une manœuvre à l'audace et à la science proprement napoléoniennes.

Ces deux autres, le premier très grand, blond,

rose, aux longues moustaches tombantes de Gaulois, le second tout petit, bistré, aux poils de chat en colère, à la nervosité de gitane, tous deux avec des yeux d'oiseaux de proie, celui-là bleu d'acier, celui-ci noir de jais, ce sont des aviateurs. Ils ne savent même plus les litanies de leurs prouesses. Il y en a trop. Et puis, c'est toujours la même chose, n'est-ce pas? Alors, quoi?

Que dire, sans qu'aussitôt tous l'aient reconnu, de ce colonel qui va d'armée en armée, âme errante dans laquelle les âmes des armées ont comme leur centre de diffusion et d'accumulation? J'en ai trop dit déjà, même sous ce voile d'images à l'aspect incohérent. Laissons donc sa fonction spéciale, et occupons-nous seulement de l'homme. Court, comme mal équilibré, avec une tête trop grosse, et, autour de cette tête, des cheveux incolores, et, lui mangeant la face, deux énormes yeux au regard bigle, il semble qu'il va prêter à rire, quand il est au repos. Mais il parle; et, soudain, on est sa conquête. Il a le verbe d'un devin, d'un annonciateur. Il voit la guerre de haut, et tout le lointain où elle ira. Il vous fait voir, comme si l'on y était, l'Europe de demain. Il vous dit, et l'on n'en doute point une seconde:

« Peuh! L'Alsace-Lorraine! Un détail! Il ne s'agit plus de ça. Nous les avons. C'est fait. Et le reste aussi. Quand nous voudrons, quand.... »

Et le lendemain qu'il vaticine, ses yeux le reflètent; il y apparaît, rapproché par la lentille grossissante de ses deux prunelles; il y devient un flamboyant tout-de-suite.

Et maintenant, deux figures de chefs, pour finir : un général de corps d'armée, qui commande à quarante mille hommes; un général d'armée, qui commande à cinq corps d'armée, c'est-à-dire à deux cent mille hommes.

Mais les mots ont chevauché sur les mots, et les lignes sur les lignes, et je n'ai plus devant moi assez d'espace pour y faire évoluer ces deux figures, même une seule des deux. Aussi bien vaudra-il mieux les évoquer, celles-là, non plus s'encadrant dans un état-major, mais s'enlevant sur la masse de leurs hommes, comme sur le vrai fond qui leur est prédestiné.

Car ceux que j'ai vus, ce n'est pas seulement ce corps d'état-major, si extraordinaire, d'ailleurs, si admirable, si prodigieux; c'est aussi les soldats, les poilus de la tranchée, les gens *en rafraîchissement*, les bâtisseurs de villages en paillottes; et c'est parmi eux, avec eux, en même temps qu'eux, non moins prodigieux, extraordinaires et admirables, que je préfère montrer les grands chefs.

Ce sera, si vous le voulez bien, pour une autre fois.

28 janvier.

XLIII

The men of war.

The men of war! Les hommes de guerre! C'est de ce beau nom que la vieille Angleterre appelle, avec orgueil et avec gratitude, les vaisseaux armés qui font de la mer comme son domaine.

Et elle a bien raison d'en être fière et de leur être reconnaissante, la vieille Angleterre. Grâce à eux, elle est toujours jeune, et elle peut une fois de plus chanter à plein cœur son invincible chant d'indépendance :

> Rule, Britannia, rule the waves!
> Britons never will be slaves.
>
> Règne, Bretagne, règne sur les flots !
> Les Bretons jamais ne seront esclaves.

Et nous aussi nous leur sommes reconnaissants, ô vieille Angleterre, à tes *men of war*. Et nous aussi nous sommes fiers de les avoir pour alliés, tes hommes de guerre, par qui notre ennemi commun vient de subir la correction la plus cruelle à son imbécile mégalomanie.

Car ta maîtrise de la mer, il osait la nier. Et cette négation absurde, il avait essayé d'en établir le bien-fondé par quelques coups d'audace, que son peuple, mégalomane comme lui, pouvait prendre pour des victoires. Même certains neutres risquaient de s'y tromper, éblouis par les illuminations dont Berlin fêtait ces triomphes en simili.

Le fameux *Emden* et d'autres pirates n'avaient-ils pas attaqué *bravement*, et coulé sans peine, quelques-uns de tes bateaux marchands, naturellement sans armes ?

Un ou deux des *men of war*, oui, des formidables *men of war* en personne, des plus anciens, au reste, presque à la retraite, n'avaient-ils pas subi la sournoise et lâche atteinte des mines, ou le traître *coup de pied bas* d'un sous-marin travaillant en apache isolé sans que fût engagée aucune bataille ?

Et enfin, la flotte allemande, en force, mettant à profit la brume, et renseignée par des espions, ne s'était-elle pas *couverte de gloire*, en bombardant des ports de commerce, en tuant et blessant des femmes et des enfants inoffensifs, pendant que les *men of war* étaient ailleurs ?

Sur quoi l'amiral Tirpitz avait crié à la faillite de la marine anglaise, et annoncé le projet tartarinesque de réduire *à quia* la vieille Angleterre par un blocus de sous-marins annihilant ses *men of war*, et par la ruine, l'incendie et l'effondrement de toutes ses villes sur toutes ses côtes.

Après quoi, l'amiralissime, le Kaiser cabotin aux cent costumes, mais qui préfère par-dessus tout son uniforme de dunette, s'était rengorgé en se gargarisant de sa formule favorite, à savoir que l'avenir de l'Allemagne est sur l'eau.

On n'a pas le courage de lui répondre par la plaisanterie, vraiment trop facile; mais elle s'impose quand même. Nos gamins n'y ont pas manqué, certes, et qui donc les en blâmerait? Laissons-les rire, hein?

« Sur l'eau, qu'il a dit? Y a erreur, mon empereur. Regardez donc où il est, votre *Blücher*! Sous l'eau, oui. Par le fond, comme parlent les mathurins. Par le fond, lui et les trente-quatre jolis millions qu'il a coûté aux vôtres, de fonds! »

Et c'est bien sous l'eau, en effet, qu'il a été forcé de voir s'enfoncer l'avenir de l'Allemagne, avec son *Blücher* qui a trouvé son Waterloo, avec le premier de ses superbes croiseurs-cuirassés, que vont bientôt suivre les autres; c'est son rêve de mégalomanie aquatique qu'il contemple en train de sombrer, le pauvre amiralissime qui osait nier la maîtrise de la mer aux Anglais.

C'est qu'ils étaient là, cette fois, les *men of war* de la vieille Angleterre. Gavroche ne se gênerait pas pour ajouter qu'ils étaient même *un peu là*. Ils y étaient à tel point que la flotte du Kaiser, rien qu'en s'apercevant de leur présence, n'en a pas demandé plus long, et tout d'abord a pris la fuite.

Une bataille s'offrait, une vraie et grande bataille navale, où l'Allemagne, en attendant l'avenir promis par son empereur, aurait au moins pu et dû tâter ce que valait sur l'eau son présent. Mais il faut croire qu'elle le savait d'avance, et sans aucun doute possible, puisqu'elle a, du premier coup, tourné le dos aux *men of war*.

De rudes hommes, en effet, et les hommes d'une rude guerre, faite d'une façon foudroyante, n'est-ce pas, messieurs les bombardeurs de villes ouvertes, qui renâclez à la besogne devant des cuirassés? N'est-ce pas, messieurs les tueurs de femmes et d'enfants, qui avez peur d'être tués par des hommes? N'est-ce pas, croquemitaines de la mer, qu'il faut combattre en vous donnant la chasse? N'est-ce pas, ô ridicule amiralissime, dont le rêve d'avenir, au lieu de s'épanouir triomphalement sur l'eau, s'évanouit piteusement dessous, coulé à pic après une simple bataille de trois heures, pas davantage?

Et ils seront là de plus en plus, les *men of war.* Ils resserreront de mieux en mieux chaque jour le blocus, le vrai blocus, celui-là, non pas le blocus de bluff tartarinesque, mais le blocus isolant définitivement l'Allemagne assiégée par la mer, tandis que nos soldats l'assiègent par la terre.

Et ils en ont aussi, nos soldats, des *men of war,* des hommes de guerre, de rudes hommes, et faisant une rude guerre. Le miracle de la Marne l'a proclamé, prouvant pour tout de bon, lui, la faillite de l'invincibilité germaine en bataille rangée. Et ce que valent nos grognards, vétérans qui ont cinq mois de service, la garde prussienne, en train de pourrir dans les marais de Saint-Gond, en sait quelque chose.

Aussi l'Angleterre et la France peuvent-elles, toutes les deux, être fières de leurs *men of war* réciproques, et leur être mutuellement recon-naissantes. Par les uns et par les autres, la bête enragée, la bête puante, est contenue, bloquée, acculée, et le sera chaque jour plus sûrement et plus étroitement, jusqu'à l'heure bénie où les marées russes la noieront au fond de son terrier, afin que son passé, son présent et son avenir soient à jamais, pour la santé du monde, non seulement sous l'eau, mais sous terre.

Hip! Hip! Hurrah for the men of war!

1ᵉʳ février.

XLIV

Joffre.

Si j'avais eu l'honneur, jadis ou naguère, mais toutefois avant août 1914, de compter parmi les intimes du général Joffre, je me trouverais dans un insurmontable embarras au moment d'entreprendre ce portrait. Pour tout dire, je crois bien que j'y renoncerais aussitôt, et que je ne me risquerais même pas à en esquisser le plus vague croquis, tant je serais certain de ne point *faire ressemblant.*

C'est que le général Joffre, en effet, tel qu'il pouvait se manifester il y a encore six mois, n'a plus rien de commun avec l'homme qu'il est à l'heure présente. Plus rien du tout, rien, qu'il le veuille ou non, et que ses entours en aient ou non conscience. Il y avait, au milieu de l'an dernier, le général Joffre; mettons, si vous y tenez, le généralissime Joffre. Ce qu'il y a, en l'an 1915, c'est son nom tout court, sans titre: Joffre.

Or les intimes qui ont le mieux connu celui-là, ils sont évidemment les moins bien préparés à nous faire connaître celui-ci. Ce qu'ils savent de l'un les gêne pour nous apprendre quelque chose de l'autre. A grand'peine, même, peuvent-ils le reconnaître, cet autre, leur ami d'hier, sous la figure nouvelle que lui donne aujourd'hui. Et cette figure nouvelle, cependant, elle est désormais sa vraie figure, et l'unique à être ressemblante pour nous, puisque c'est avec elle qu'il entre vivant, et devant nous, et par nous, non seulement dans l'Histoire, mais aussi et déjà dans la légende.

Et voilà bien pourquoi je n'hésite pas à l'entreprendre, ce portrait redoutable. Mon ignorance absolue du général Joffre, telle est la source où je puise toute mon audace en face de Joffre. Et si je ne désespère pas trop de *faire ressemblant*, c'est que je regarderai mon modèle avec les yeux d'enfant que le poète conserve jusqu'à son dernier regard, avec mon cœur de peuple toujours ouvert tout grand aux semailles des fleurs légendaires.

Mais j'y pense, n'y-a-t-il pas des yeux d'en-

fants plus enfantins encore que ceux du poète?
N'y a-t-il pas un cœur plus peuplé encore que le
mien ? Certes. Il y a les yeux des enfants eux-
mêmes. Il y a le cœur du peuple lui-même. Au
lieu d'en chercher en moi les lignes, les accents,
les touches colorées, de ce portrait, si je les
prenais au vol, dans la rue... ici; dans les tranchées... là-bas; partout où bonnement, entre
petites gens, entre soldats, parmi les gosses, les
femmes, les vieux, on parle de Joffre, de notre
Joffre, comme ils disent!

Et je les ai pris au vol, en effet, ici ou là-bas,
ces traits épars d'une effigie que je ne pensais
pas alors avoir un jour à fixer. Je les ai cueillis
sans même faire attention au travail inconscient
de ma fidèle servante, la mémoire, qui les enre-
gistrait, qui emmagasinait dans ses tiroirs tous
ces clichés hâtifs. Et voici qu'aujourd'hui, à mon
premier appel, elle ouvre ses tiroirs, développe
les clichés, me les offre pêle-mêle, en vrac. Je
n'ai qu'à feuilleter les épreuves, toutes tirées, et
combien expressives.

Deux petites apprenties, de douze à quatorze
ans, admirent une grande chromo, fortement
enluminée, parmi d'autres qui transforment la
devanture close d'une boutique en exposition de
tableaux, à cinq sous les plus riches.

« Hein ! dit l'une, crois-tu qu'il n'a pas l'air commode, avec ses gros sourcils ! Ça lui fait comme deux paires de moustaches.

— Oui, répond la plus jeune ; mais sous les moustaches d'en haut, regarde ses yeux, ce qu'ils sont malins.

— C'est vrai, reprend la première. Malins, et puis bons aussi. Je n'avais pas bien vu.

— N'est-ce pas ? ajoute la momignarde. Des petits yeux d'éléphant.

— Oui, conclut la grande, d'un éléphant qui serait en même temps un caniche. »

Dans une ambulance, un blessé me conte la bataille de la Marne, la volte-face d'offensive après la dure et longue retraite depuis le Nord. Il n'en revient pas encore, d'avoir reculé tant et tant de jours, sans trouver qu'on avait tort, puis d'avoir *repris du poil de la bête* en trouvant que c'était tout naturel.

« Dame ! fait-il, puisqu'il l'avait vu et voulu ainsi, c'est que ça devait être comme ça. Il connaît joliment son affaire, allez ! »

Et sur cette même bataille de la Marne, ce détail, certifié par un autre soldat, un sergent qui est toujours au front, et qui affirmait tenir ce détail d'un automobiliste, conducteur, ce jour-là, d'un officier de liaison. L'ordre du grand chef aurait été identique, porté à tous les autres grands chefs d'armée, et cet ordre disait :

« Attaquez! Encore et toujours! Attaquez!

— Mais si mes hommes flanchent?

— Attaquez quand même.

— Et s'il ne m'en reste plus?

— Attaquez! Attaquez! Il y va de votre tête. »

Celui-ci, c'est un combattant de 70, qui a quatre fils au feu, qui ne s'en plaint pas, et qui en donne cette raison :

« Je suis tranquille : ils sont menés par quelqu'un qui sait où il va. Ah! si nous avions eu son pareil à Metz, dans les temps! »

Au cantonnement dit de *rafraîchissement*, où l'on se repose quelques jours, avant de retourner à la tranchée, deux poilus, en train d'enlever les écailles de glaise qui font de leur capote une gaine, rigolent à l'idée d'être devenus des taupes.

« Faut-il qu'on l'aime, pour s'y plaire, dans cette boue, parce que ça lui plaît!

— Mais ça lui plaît parce qu'il le faut, eh! gourde! Puisqu'il s'agit, comme a dit Napoléon, d'être les plus forts sur un point choisi, à l'instant choisi.

— Choisis par qui?

— Ben, quoi? Par lui. »

Encore sur le front, dans la tranchée même cette fois. Trois jours plus tôt y avaient été tués en braves un Normalien et un curé, lieutenant et sergent-major de la même compagnie. Les hommes parlaient des deux disparus, qu'ils aimaient avec respect et avec tendresse, pour leur vaillance et aussi pour l'agrément de leurs conversations. On se rappelait que les deux *jeunes savants* le nommaient volontiers, lui, tantôt Turenne et tantôt Fabius Cunctator. Un innocent demanda si ce n'était pas comme qui dirait ses noms de baptême. Un pince-sans-rire de Parigot répondit que oui, puis se prit à réfléchir et ajouta gravement :

« Après tout, il les mérite bien. »

Je reviens à des clichés de Paris, et me voici dans un atelier d'artiste, chez un statuaire où un pauvre vieux modèle sans ouvrage sollicite un secours. On le lui donne, et on l'interroge sur celui dont il est fier d'être le *pays*.

« Mais oui, fait-il, un Catalan, comme moi. Seulement, attention ! Un Catalan du nord de la Catalogne. Pas un bavard, pas plus en paroles qu'en gestes ! Un calme, un trapu, un massif. On a de la patience et de la ténacité, par chez nous. La terre y est lourde, rouge et grasse. On laboure avec des mulets. Mais on y récolte un vin plein de soleil. Tenez, justement dans son coin, qui est le mien, un bon coin, à Rivesaltes. »

De nouveau, sur le pavé de Paris. A une autre devanture close changée en exposition de chromos. Pour le coup, c'est une vieille grand'mère qui, non contente d'admirer, elle, l'image du chef, se met à la marchander, tire du fond de sa poche les cinquante centimes que coûte la plus grande image, et, avant de la rouler soigneusement pour l'emporter et en orner sa turne, lui donne un gros baiser en disant :

« On peut vraiment l'aimer, vous savez, lui ! C'en est un qui ne les gaspille pas, nos gas ! »

La succession de ces clichés et leur réunion sont émouvantes, tant l'unanimité de leurs témoignages est évidente et significative. N'en sort-il pas tout fait, le portrait de légende ?

Et chacun de nous peut en avoir de pareils, des traits dont se compose peu à peu cette effigie. Souvenez-vous, tous tant que vous êtes, qui me lisez ! Et, si votre mémoire n'en a point gardé qui vous soient personnels, tâchez de vous rappeler au moins celui-ci, que vous avez lu certainement dans quelque journal, et qui peut-être bien a été inventé par le journaliste, et qui peut-être aussi est vrai, et qui, en tout cas, est comme la synthèse de tous les autres.

Le chef avait demandé trois aviateurs pour une aventure où l'on risquait à peu près sûrement la mort. Toute l'escadrille avait répondu oui. On avait dû tirer au sort les trois héros. Heureux ils allaient prendre leur vol. Soudain une rude voix leur commanda demi-tour. Ils firent face au chef. Alors la même voix ajouta, très douce :

« Alors, quoi, les enfants ? On n'embrasse pas son père avant de partir ? »

Le voyez-vous surgir, achevé d'un coup, le portrait de légende ? C'est le portrait d'un père, en effet, à la tête d'une armée dont il aime et ménage tous les soldats comme si chacun était son fils unique ; et c'est en même temps le portrait d'un chef qui sait et qui peut dire efficacement à chacun d'eux, quand il le faut :

« L'heure est venue de te faire tuer, pour qu'on ne viole pas ta mère. »

Et c'est pourquoi tous lui obéissent, formidablement et tendrement, avec la certitude de la victoire, et avec le sourire.

11 février

XLV

Tit for tat.

On voudra bien ne pas s'étonner outre mesure, j'espère, ne fût-ce que par amour pour l'entente cordiale, si mon article se présente encore cette fois-ci, comme l'autre fois, cocardé d'un titre en anglais.

Au cas, d'ailleurs, où une excuse pour cela me serait nécessaire, la voici : j'arrive du Havre.

Or, quoique notre vieille cité normande soit la capitale momentanée de la Belgique, ce dont elle est pleine surtout, mais pleine à en regorger, c'est de troupiers en kaki. Oh! je ne m'en plains pas, vous pensez bien! Tout au contraire! On en jubile. Mais enfin, c'est un fait, et je le constate.

Pauvre Kaiser à courte vue! Piteux mégalomane à l'orgueil imbécile! Que n'a-t-il un tantinet de courage, juste ce qu'il lui en faudrait pour aller survoler le Havre! Comme il changerait d'opinion sur ce qu'il baptisait, avec tant de mépris, la misérable petite armée de Kitchener! Rien qu'à en voir fourmiller la partie, la dixième peut-être, qui se trouve dans le Havre, il serait forcé de l'appeler aujourd'hui, avec effarement, la miraculeuse multiplication de Tommy.

Le Havre, en effet, est devenu comme la caserne de Tommy. Et c'est pour le Havre, en vérité, que vous devriez écrire une nouvelle série de *Barrack-room Ballads, yes, my dear and very great Rudyard Kipling, yes, I think so.*

D'autant, cher Kipling, qu'il est aussi troupier que le vôtre, notre Tommy du Havre, n'en doutez pas. Et combien gentil! Avec sa belle mine, sa crâne allure, et son air engageant quand même de *good fellow*, il nous est trop agréable à voir pour qu'on n'ait pas envie de lui faire fête en lui parlant sa langue. Et l'habitude en devient tout de suite trop douce pour qu'on ne la garde pas un peu.

De là, sans aucun doute, ce besoin auquel je n'ai pu résister de cocarder encore cet article avec un titre en anglais.

La cocarde est jolie, au reste, avouons-le, et gaie, et pimpante, dût-on même ne comprendre goutte à ce qu'elle signifie. Il lui suffit, pour plaire, de ces trois monosyllabes, tellement *english*, tellement *Tommy*, tellement de chez eux!

Une vraie fleur, n'est-ce pas, cette locution populaire! Une fleur à trois pétales qui semblent

trois aigrettes. Et de quel ton tape-à-l'œil! Et
aussi de quelle saveur poivrée, *genuine*, sentant
bien l'*humour*, à dents serrées, de nos bons amis
the rough and merry pince-sans-rire!

Certes, je devrais la traduire, la locution populaire, pour ceux qui sont comme le bon Ducis,
lequel interpréta Shakespeare en excusant la pau-
vreté de son travail par cet aveu dénué d'artifice :

« J'ai fait de mon mieux, *bien que je ne con-
noisse pas l'anglois*. »

Mais je risquerais d'être aussi pauvre que lui,
tout en *connoissant* un peu *l'anglois*. Car c'est
intraduisible, en somme, comme Shakespeare
lui-même, ce simple *tit for tat*.

Oui, je sais, les équivalents ne manquent pas,
semble-t-il. On n'a plutôt que l'embarras du
choix. Cela veut dire quelque chose comme :
« *C'est un prêté pour un rendu* », ou bien : « *Je
lui rendrai la monnaie de sa pièce* », ou encore :
« *A bon chat, bon rat* », ou aussi : « *Œil pour œil,
dent pour dent* ». Bref, n'importe quelle brève
formule exprimant la loi du talion.

Mais laquelle de nos formules vaut celle de
Tommy, la fleur aux trois pétales en aigrettes, la
fleur poivrée qu'il mâche à dents serrées, *the
rough and merry*, et si *english*, et si net *tit for
tat*? Aucune.

Surtout si vous l'aviez entendu dire par Tommy
en personne, par Tommy fumant son brûle-
gueule en bois de violette, tandis qu'il m'expliquait....

Ah! ce qu'il m'expliquait! Voilà qui est encore
bien plus difficile à traduire que l'intraduisible
tit for tat. Et vous allez tout de suite comprendre
pourquoi, dès que je vous aurai confié, dans le
tuyau de l'oreille, qui était le Tommy en question, et quels *tuyaux* prodigieux il versait dans
le mien, de tuyau d'oreille.

C'était, ni plus ni moins, un vieux et très
respectable, quoique très facétieux aussi, *gentleman*, haut gradé *of the staff*, à savoir *a Brigade-
Major*, comme qui dirait chez nous un chef d'état-
major général peut-être. Et ce qu'il me révélait,
en fumottant sa pipette, tel un simple Tommy,
et se glorifiant d'avoir conservé cette âme de
Tommy, malgré son haut grade (*God bless his high
place and his honest soul!*), ce qu'il me révélait
avec son imperturbable sang-froid de *rough and
merry* pince-sans-rire à dents serrées, c'était le
tit for tat des représailles que l'humouristique
Angleterre prépare à la stupide Allemagne.

Mais comment traduire les chiffres qu'il me
donnait, sinon en chiffres? Et la censure en ferait
des blancs. Alors, quoi? Tommy, multiplié mira-

culeusement par Tommy, n'est intéressant que si j'en puis fournir le produit exact. Et les engins du dernier modèle, les munitions pour les approvisionner sans relâche, les avions, les dirigeables déjà prêts ou prêts à l'être, par quel biais en exprimer le nombre, sans le nombre même ?

Voilà ce que j'ai dit, respectueusement, au respectacle *gentleman*. A quoi le facétieux Tommy (dont il a conservé l'âme, malgré son haut grade de *Brigade-Major*), prenant en pitié mon impuissance à propager ses tuyaux si réconfortants, m'a répondu avec un malin clignement de paupière :

« Alors, traduisez tout bonnement, quand même, notre intraduisible *tit for tat*, mais comme ceci, par exemple. »

Et, entre des bouffées de leur léger tabac qui fleure le miel, il laissa tomber, comme des sifflements ricaneurs :

« A bon chat cent rats !

— Mâchoire pour dent !

— Deux yeux pour un œil. »

Puis, très grave, il me récita l'article de leur code marin qui condamne les pirates à la pendaison au bout d'une vergue ; après quoi, il ajouta, redevenu très comique :

« On refera des vergues tout exprès à nos *men*

of war, afin d'y accrocher les *blackguards* de sous-marins qui torpillent les bateaux sans armes. Et quand on aura pendu les derniers, on s'arrangera pour les garder en exemple, ainsi que l'a imaginé votre Victor Hugo dans son *Homme qui rit*. On en fera des *pickles in the tar*, des *hanged-tarred*, des conserves au coaltar, des pendus goudronnés. »

Et dans le rire, enfin épanoui, qu'il eut alors, pareil au crissement d'une huile bouillante où l'on jette un poisson, j'entendis très distinctement, vaincue par le *tit for tat* de l'humouristique, *rough and merry England*, toute la stupide Allemagne en train de frire.

————

18 février.

XLVI

Mit uns.

Non, décidément, ils sont trop bêtes ! Ça finit par en être déconcertant. Que dis-je ? Il me semble même que ça commence à devenir presque contagieux. Ne viens-je pas d'embrener ma brave plume française à écrire deux mots allemands ?

Il est vrai que c'était à bonne intention, histoire de les blaguer. N'importe ! l'on éprouve une gêne. Et ma plume grince comme si elle me le reprochait, et crache comme si elle en avait envie de vomir.

Les blaguer ? On n'en a plus même le cœur. Comprendront-ils ? Sentiront-ils ? Quelles épingles piqueront jusqu'au sang la couenne épaisse d'une telle stupidité ? Sous quelles pichenettes d'esprit fera-t-on jamais rougir de honte le mufle corné d'un pareil catoblepas ?

Tant pis ! Essayons quand même, quitte à casser nos épingles et à nous retourner l'ongle, pour le roi de Prusse !

Et donc, voici leur plus récente invention en plaisanterie, comme qui dirait le fin du fin de leurs plus savoureuses *delicatessen*, à ces *lustigs*… (Allons ! bon ! Encore deux vocables boches ! Pardon, ma pauvre plume. Ce sont bien les derniers. Je ne le ferai plus). Le voici, leur suprême chef-d'œuvre facétieux, à ces idiots.

Une statue de Jeanne d'Arc avait été oubliée par leurs bombes dans une église de Longwy. Ils imaginèrent de gratter l'inscription du socle, et de graver à la place les phrases suivantes :…

Non, cette fois, brave et honnête plume française, je ne te forcerai point à grincer et à cracher. D'ailleurs, je serais incapable de transcrire les cinq lignes de grognements, d'éternuements, de borborygmes, de toux, d'éructations, et autres bruits hétéroclites, sauvages, bizarres et même bitranges, dont se compose l'inscription allemande; et je me bornerai à en donner la traduction française.

Je la copie dans un de nos journaux. Un de mes amis, qui a la douleur d'avoir appris leur suave idiome, me la garantit exacte. Il suffit que leur monstrueuse bêtise y éclate à plein. Et vous allez juger si elle y éclate! Leurs meilleurs crapouillots, que j'ai entendus à Reims, ne font pas mieux. Écoutez.

« *La Pucelle d'Orléans fut toujours ennemie des Anglais. A présent les Français avec les Anglais sont alliés. Ainsi la Pucelle ne peut pas être avec les Français. Ainsi elle est avec nous.* »

Et, sur ce *mit uns*, *avec nous*, les voilà contents, surtout contents d'eux-mêmes, se trouvant légers, ces culs-de-plomb, faisant une pirouette qui n'est qu'une variante du pas de l'oie, se congratulant les uns les autres d'être soudain devenus si spirituels, si kolossalement spirituels, ces cuistres, pour chacun desquels Hugo le prophète a jadis écrit ce vers où ils n'entendront jamais goutte :

Quand on t'appelle cuistre, istre est un ornement.

Non, vrai, avouez-le, décidément, ils sont trop bêtes ! A ce point-là, on n'ose même plus les blaguer. On a le sentiment que ce serait lâche.

Mieux vaut encore tâcher de leur parler raison, et de leur expliquer avec méthode, par $a + b$, pourquoi nous pouvons être amis des Anglais après avoir été si dur et si longtemps leurs adversaires, et pourquoi il est logique, et tout naturel, et même très beau, que l'*Entente cordiale* marche d'un seul cœur unanime à plein cœur sous l'étendard de la Pucelle.

Ce que voulait notre Jeanne, conseillée par ses voix, c'était *soulager la grande misère qui était au royaume de France*, après l'effroyable guerre de cent ans ; et elle y a réussi comme elle le voulait. Non pas seulement en faisant lever au bout de dix jours le siège d'Orléans qui durait depuis sept mois ; non pas seulement en faisant sacrer Charles VII à Reims ; mais aussi et surtout en mourant sur son bûcher à Rouen, où sa mort mettait le sceau divin à sa mission. Et sa mission était de nous révéler la religion nouvelle de la patrie.

Et les Anglais ne l'ignorèrent point, eux qui la firent brûler, mais qui pleurèrent tous, quand elle consomma son sacrifice. Et c'est l'un d'eux, le propre secrétaire du roi d'Angleterre, qui dit alors tout haut, en revenant du calvaire où elle s'était immolée :

« Nous avons brûlé une sainte ».

Et c'est pourquoi, depuis, elle est restée chez eux en vénération. Et c'est pourquoi, l'autre jour encore, j'ai vu, et on peut le voir presque tous les jours, des soldats et des officiers anglais apporter des fleurs, se découvrir et prier, sur l'emplacement où elle a subi sa Passion.

Eux autant que nous, pendant la guerre de cent ans, quand on se combattait en brutes (comme les Allemands seuls continuent à se battre aujourd'hui), on le faisait en pleines ténèbres morales, sans avoir pris conscience de ce qu'est l'humanité, de ce qu'est la patrie, de ce qu'est la justice. C'est dans le cœur brûlant et brûlé de notre Jeanne que pour la première fois on l'a prise, cette conscience.

Oui, eux autant que nous. Et de là leur vénération, leur amour pour elle. Mais pas vous, les Germains, les massacreurs, les incendiaires, les violeurs, les menteurs à la foi jurée, les négateurs du Droit, les vils adorateurs de la seule

Force. Et de là votre abjecte impuissance à la comprendre, elle, notre Jeanne, notre sainte, notre patronne, notre ange.

Même vos poètes ne l'ont pas comprise. Les pages où votre Schiller en fait une vulgaire intrigante et amoureuse, sont la honte de la littérature dans tous les temps et chez tous les peuples. Et si l'un de vos rares grands esprits a pu être aveugle à une aussi splendide lumière, quelle chance y a-t-il pour qu'y voient quelque chose vos misérables intellectuels d'aujourd'hui, cette bande de taupes aux yeux crevés?

Elle reste cependant toujours aussi haute, aussi pure, aussi fulgurante, cette lumière, et le monde entier, sauf vous, l'admire et l'adore. Ce n'est pas l'Angleterre seule, en effet, qui marche avec nous sous l'étendard de la Pucelle; c'est l'humanité, vous ne sauriez en douter désormais.

Cessez donc, à son égard, vos lourdes farces d'imbéciles. Respectez, à Longwy et ailleurs, ses statues demeurées debout, comme celle qui est toujours en sentinelle, malgré vos bombes, devant le parvis de Reims.

N'oubliez pas, vous les vaincus de la Marne, les noyés des marais de Saint-Gond, que ce jour-là notre mot d'ordre était le nom même de Jeanne d'Arc. Et mettez vous bien en tête que c'est elle, notre Jeanne, l'incarnation de la patrie française, qui accomplira encore le dernier miracle, non seulement de bouter l'ennemi hors de France, mais de bouter l'Allemagne hors de l'humanité !

22 février.

XLVII

La reconnaissance nationale.

C'était il y a quelque temps, au cours d'un voyage en province où je semais de mon mieux ce que je crois être la bonne parole. Je veux dire par là celle qui est aujourd'hui la seule digne de se faire entendre, celle qui exalte les fils de la *doulce France*, en train d'affronter la mort pour que leur mère continue, elle, à vivre immortellement.

Nous avions, le public et moi, communié à plein cœur dans l'admiration de leur splendide besogne, dans l'espoir certain de la victoire due à tant de peines, à tant de belle vaillance, à tant de noble sang versé. Nous les avions glorifiés, certes, avec tout notre amour et toute la ferveur de notre reconnaissance.

Et cependant, au fin fond de moi-même, restait

le sentiment obscur de n'avoir pas assez fait pour eux. On eût dit comme un reproche, presque un remords, de ne les avoir point glorifiés autant qu'ils méritent de l'être.

Je n'avais pas encore secoué cette impression douloureuse, lorsque soudain, une heure plus tard, en wagon, me sautèrent aux yeux les lignes que voici, lues dans le *Petit Journal* en première page :

« Je voudrais que pour ceux-là, pour les disparus, une œuvre se fondât afin qu'une plaque fût un jour fixée dans leur village, soit au mur de leur maison, soit au mur de la maison commune. Ainsi leurs noms ne périraient pas, ils ne doivent pas périr. Gravés dans le marbre, épelés par les enfants, répétés par les maîtres, ils seront honorés d'âge en âge. Et les plus sordides hameaux, ce marbre les anoblira.

« UN SPECTATEUR. »

Ah! comme il se précisa aussitôt, mon sentiment obscur de tout à l'heure! Et le quasi-remords dont j'avais souffert, de quelle voix impérieuse il se mit à m'accuser! Il me sembla que cette voix me criait :

« Pourquoi n'en as-tu jamais rien dit au

public, de cette œuvre, puisqu'elle est juste, puisque le rêve en palpite dans son cœur, dans tous les cœurs, puisque ce rêve même n'est plus un rêve, puisque cette œuvre existe enfin? »

Car elle existe, oui, je le confesse, je le proclame. Elle existe depuis le 27 septembre 1914. Il y aura cinq mois pleins dans quelques jours, qu'elle a été fondée, qu'elle a des adhérents, qu'elle fonctionne, qu'elle grandit, qu'elle prépare la glorification.

Dans l'ombre, c'est vrai. Dans une ombre, avouons tout, que j'ai moi-même désirée pour elle, presque accumulée autour d'elle, et dont il faut bien me déclarer coupable, moi qui en suis resté, pendant un temps si long, le silencieux président.

Pour quelles raisons cette ombre et ce silence? Par une sorte de pudeur, tout d'abord, précisément parce que je présidais cette œuvre. Puis, parce que beaucoup d'autres œuvres sollicitaient le public et nous semblaient répondre à des besoins plus urgents. Ne devait-on pas, avant toutes choses, s'occuper des blessés, des réfugiés, des combattants sur le front, des veuves et des orphelins qu'ils laissaient en mourant pour nous?

Humblement, dans notre ombre, nous pensions

que l'heure viendrait plus tard, après la victoire définitive sans doute, de songer à glorifier ceux qui en auraient fait fleurir la palme et le laurier en les arrosant de leur sang.

Eh bien! notre humilité avait tort, voilà tout! Nos scrupules, notre fausse honte, ont trop duré. Et l'heure enfin est venue, malgré nous, de dire que l'œuvre existe, qu'elle est juste, qu'elle est bonne et que tout le monde a le droit, et même le devoir, d'y travailler avec nous.

Nous y avons travaillé ferme, déjà, je ne le cacherai pas plus longtemps. Et la preuve, c'est que j'en fais juge, aujourd'hui, le grand public du *Petit Journal*.

L'œuvre de la *Reconnaissance nationale* a pour but d'OFFRIR GRATUITEMENT, à toutes les communes de France, d'Algérie, des colonies et des pays de protectorat, et aussi à de grandes Écoles et Associations diverses, des Tableaux d'honneur en marbre blanc, sur lesquels seront gravés en lettres d'or les noms des morts pour la patrie.

Le modèle artistique de ces tableaux d'honneur est déjà établi, adopté.

Les premiers ont déjà été offerts à l'École normale supérieure, à l'Ecole Polytechnique, à l'Ecole Centrale, aux mairies parisiennes, à la

Chambre des députés, au Sénat, qui auront la
même plaque démocratique dont sera honorée la
plus humble des communes.

Le gouverneur général de l'Algérie, le résident
général de France en Tunisie, le général Lyautey
au Maroc, ont chacun la présidence de nos
sections en ces pays, où les indigènes tués dans
nos rangs seront traités comme des fils de
France, comme nos frères.

Plusieurs grandes villes, d'importantes associations, des mutualités, nous ont déjà donné ou
promis leurs concours collectifs.

Nos adhérents individuels se chiffrent par un
nombre accru chaque jour. Et comment n'en
serait-il pas ainsi, puisque pour collaborer à
l'œuvre, il suffit de s'y inscrire comme membre
titulaire en versant trois francs, sans plus, de
cotisation annuelle?

Mais la place me manque vraiment, à essayer
de dire, fût-ce en quelques mots, tout ce que
nous avons fait dans notre ombre et en silence,
et tout ce que nous pourrons faire maintenant,
avec la grande lumière et la retentissante tribune
du *Petit Journal*.

Je me bornerai donc à le remercier de l'hos-
pitalité généreuse qu'il nous offre. Je n'en userai
plus que pour prier ses lecteurs d'adresser leurs

demandes, soit de renseignements complets, soit d'inscription, à notre secrétaire général, M. J.-B. Belloc, 129, rue de l'Université (VII°).

Et je terminerai avec la conscience d'avoir aujourd'hui, mieux qu'en aucune de mes conférences, semé la bonne parole, puisque de cette semence jaillira la fleur de gloire qui vous est due, ô nos braves, ô nos héros, ô fils de la *doulce France*, en train d'affronter la mort pour que votre mère continue, elle, à vivre immortellement.

26 février.

XLVIII

Le stigmate.

J'ouvre mon vieux Littré, à la page 2046 du tome IV; et j'y trouve en première colonne, formant le deuxième paragraphe de l'article consacré au mot STIGMATE, les lignes que voici, sur lesquelles j'ose, avec les plus vives instances, appeler l'attention la plus aiguë et la plus profonde réflexion de mes honorables lectrices et lecteurs :

|| 2° *Marque infligée comme punition. L'empereur Théophile ne rougit pas de faire revivre*

*l'affreuse peine des stigmates... etc. || Les stig-
mates de la justice, les marques de fer rouge qu'on
imprimait autrefois sur l'épaule des voleurs.
|| Fig. et familièrement. Il en porte encore les
stigmates, se dit d'un homme qui vient d'essuyer
en public quelque déshonneur. || Fig. Un stigmate
flétrissant, une note d'infamie.*

Peut-être des personnes trop pressées n'ont-
elles pas pris le temps de lire en entier tout le
paragraphe ci-dessus, lequel est assez long.
Peut-être d'autres, trop sensibles, ne sont-elles
pas allées jusqu'au bout, ayant le cœur chaviré
par des expressions violentes, telles que *affreuse
peine, épaule des voleurs, note d'infamie.*

Avec tout le respect que je leur dois, et tout
le désir que j'ai de les ménager, mais avec les
mêmes vives instances que plus haut, je prierai
du moins ces personnes de jeter un simple coup
d'œil sur la très brève ligne par quoi se termine,
à la même page du Littré, deuxième colonne
cette fois, l'article explicatif du mot STIGMATISÉ,
ligne d'une lecture rapide, sans expressions
bouleversantes, et que voici :

|| 2° Fig. Blâmé d'une manière dure et publique.

C'est fait, n'est-ce pas? C'est bien lu, bien vu,

bien entendu? Et maintenant, honorables lectrices et lecteurs, s'il vous plaît, causons un peu.

Êtes-vous d'avis qu'en certains cas, pour certains crimes patents, authentiques, sans admission possible d'aucune circonstance atténuante, pour des crimes ostensiblement commis contre le bien général par l'égoïsme féroce de quelque intérêt particulier, êtes-vous d'avis que l'homme coupable de tels crimes doive être, à tout le moins, *blâmé d'une manière dure et publique?*

Certes, même vous, lectrices et lecteurs les plus sensibles, vous êtes de cet avis. On vous ferait injure, d'en douter seulement une seconde. Cet unique point, que je tiens donc pour acquis sur vous, me suffirait à la rigueur. Mais je veux que même vous, ennemis de toute violence, vous deveniez aussi violents que l'empereur Théophile en personne, et que vous ne rougissiez pas non plus de faire revivre *l'affreuse peine* des stigmates, et que vous consentiez aux marques de fer rouge imprimées jadis sur l'épaule des *voleurs*, et que vous ayez envie et besoin de *punir* les criminels dont je parle, en les *notant d'infamie* par un *stigmate* quelconque, pourvu qu'il soit bel et bien *flétrissant.*

Et vous allez tout de suite avoir cette envie et

ce besoin, quand je vous aurai spécifié d'un mot quels sont ces criminels. Oui, vous, les sensibles, vous considérerez comme un devoir impérieux, et aussi comme une véritable volupté de justice, et comme votre droit absolu, imprescriptible, de les *blâmer durement et publiquement*, ces criminels, et d'en faire à tout jamais des *stigmatisés*.

Et vous pareillement, les paresseux à réfléchir, les indifférents devant un effort de pensée qui force à l'action, les veules partisans du *qu'il aille se faire pendre ailleurs*, surtout quand il est question de coupables puissamment protégés sans doute, puisque depuis si longtemps ils demeurent impunis, rendant leur crime plus odieux encore par cette impunité même. Certes, vous aussi, les Ponce-Pilate toujours prêts à vous laver les mains de tous les crimes, et qui êtes les complices de tous ceux que vous laissez commettre. Vous comme les autres, comme les trop sensibles, vous aurez soif de châtier ces coupables-là, quand je vous aurai dit que c'est contre vous qu'ils sont coupables, contre vous qu'un poète a si justement appelés les *Muets!*

Mais personne d'entre vous ne le sera plus, muet, et tout le monde sera aussi cruellement justicier que l'empereur Théophile, dès que j'aurai lâché le mot qui, à lui seul, fera déjà, de ces criminels impunis, des *stigmatisés!*

Et, tenez, voulez-vous que je dise ma pensée entière, crûment? Eh bien! j'en ai honte, en vérité, de tarder tant à le lâcher, ce mot! J'ai remords, comme d'une quasi-vilenie, d'avoir tourné si longtemps ma langue dans ma bouche avant de le cracher! Je me sens presque un *muet* moi-même, d'avoir pris de si misérables détours, en ayant l'air de sourire, de plaisanter, avec des précautions oratoires, des circonlocutions émollientes, quand il fallait dire tout à trac, et brutalement, la seule chose qu'il y ait à dire.

Assez! Finissons-en, et finissons par où j'aurais dû commencer.

De même qu'on a créé des marques d'honneur pour signaler les braves, de même qu'il existe le ruban rouge, la médaille militaire, et qu'on demande la future croix de guerre, afin que ceux-là soient plus tard reconnus et respectés, qui auront fait acte d'héroïsme, ou simplement fait leur devoir, de même il devient nécessaire que soient instituées des marques contraires pour ceux qui se seront délibérément soustraits à l'unique besogne sacrée, à la défense de la patrie.

Le stigmate, la marque infligée comme *puni-*

tion, *l'affreuse peine*, la trace du *fer rouge* imprimée à l'épaule des *voleurs* qui nous ont volé le sang qu'ils nous devaient, le stigmate *flétrissant*, la *note d'infamie*, le *blâme infligé durement et publiquement*, voilà ce que je propose, afin que plus tard nos criminels soient reconnus et méprisés.

Bref, je sollicite toutes les mères, femmes, sœurs, filles, tous les pères et frères de soldats qui sont sur le front, pour qu'ils exigent la création d'un ordre nouveau, l'ordre du Stigmate, que seront forcés de porter après la guerre ceux qui avaient le devoir d'y aller et qui auront failli à ce devoir, les pleutres, les couards, les lâches.

Tous ensemble, d'une grande voix implacable, réclamons la croix du déshonneur, pour les Embusqués.

28 février.

XLIX

La carte à payer.

S'il est au monde une prétention qui soit loin de moi, aussi loin, pour le moins, que l'étoile Sirius en personne, ou que l'inatteingible « Tipperary » de la chanson anglaise, c'est bien la prétention absurde que j'afficherais à me donner comme compétent en matière financière. J'irai même, cyniquement, jusques à confesser que j'y suis d'une incompétence totale, absolue, mirifique et incurable.

Et c'est tout juste pourquoi j'estime avoir, dans les circonstances présentes, non seulement le droit, mais encore le devoir, d'en parler.

A cause de mon ignorance même? Non pas. Mais parce que cette ignorance me semble être le cas de presque tout le monde, parce que j'ai pris la peine de faire instruire et renseigner la mienne, parce que j'y suis arrivé malgré ma cécité si réfractaire à ces clartés si spéciales, et parce qu'enfin j'ai ainsi acquis la certitude de pouvoir ouvrir à ces clartés les yeux des gens les plus aveugles, puisque les miens, mes yeux morts d'aveugle-né, ont réussi quand même à s'y ouvrir tout grands.

Or cette question, de la carte à payer par nos ennemis vaincus, il n'est personne qui ne doive s'y intéresser. Il ne s'agit pas de vendre la peau de l'ours avant qu'il soit par terre. Il s'agit cependant de savoir si cette peau vaut le prix que nous sommes en train de la payer déjà, par tant d'efforts, tant de sang versé, tant de larmes

et tant de deuils, et par tout ce qui nous reste
encore à faire et à subir pour que la bête soit
bien par terre et sa peau en vente.

Sur quoi j'ai interrogé, l'esprit tendu éperdûment, un homme qui s'y connaît en économie
politique comme moi-même en prosodie, qui
jongle avec les chiffres aussi bien que nous
autres poëtes le faisons avec les rimes. Et ce
qu'il m'a révélé, appris, rendu visible et tangible,
étant d'une limpidité parfaite (puisque j'ai pu,
moi pauvret, le comprendre), je vais à mon tour
en illuminer l'entendement de mes semblables.

Le droit des gens et l'équité, sans le moindre
désir de représailles excessives, exigent impérieusement que le responsable de la guerre en
solde finalement les frais, tous les frais. Ce responsable, sans l'ombre d'une chicane possible, et
d'après le verdict de l'humanité entière, est l'Allemagne, sous sa forme bien définie du Pangermanisme aspirant, par l'emploi de la Force, à
l'hégémonie européenne.

La Force l'ayant trahie, son hégémonie mise
à bas, c'est donc bien elle, elle seule, l'Allemagne, qui aura la charge de la note à payer. Là-
dessus, accord unanime.

Mais sera-t-elle en état de subvenir à cette
charge ? Et, d'abord, quelle sera cette charge ?

Voilà les deux problèmes à résoudre, et dont la solution est fournie précisément par les chiffres incontestables de mon économiste.

La charge sera énorme, ou plutôt, comme tout ce qui regarde l'Allemagne, mais, cette fois, pour tout de bon, colossale. En additionnant simplement les sommes nécessaires à la réparation, sans plus, des divers dommages causés par la guerre à ceux qui en furent victimes par sa volonté, dommages directs et indirects, et comptés au plus juste prix, mon économiste arrive au total de cent quatre-vingt-dix milliards.

Telle est la solution du premier problème posé. Voyons celle du second, qui est plus importante encore. Car il ne suffit pas de connaître ce que l'on est en droit de demander à un débiteur; il faut aussi avoir le compte exact des ressources présentes et futures avec lesquelles il pourra faire face à sa dette.

Au témoignage de ses propres économistes, témoignage établi par des rapports qui datent de 1913, le capital de la fortune allemande s'élevait à quatre cents milliards. Un de leurs financiers a évalué, d'autre part, le revenu de leur commerce, de leur industrie, des chemins de fer presque tous propriétés de l'Etat, à plus de cinquante milliards par an.

Cette fortune et ce revenu auront à coup sûr subi de gros déchets, après la défaite de l'Allemagne, le démembrement de l'Empire, et par la faillite de son crédit consécutive à la catastrophe. Mais, en revanche, l'Allemagne obligée au désarmement fera, de ce chef, une économie annuelle d'environ un bon milliard et demi. A cette économie, elle pourra joindre l'appoint de nouveaux impôts, ceux qu'elle supportait jusqu'alors étant intérieurs aux nôtres d'un tiers au moins, et rien ne s'opposant à ce qu'ils leur deviennent égaux, et même supérieurs de ce tiers, ce qui mettrait encore au service de sa dette presque deux autres milliards.

En laissant à l'Allemagne de quoi subsister modestement, honnêtement, sans aucune dépense mégalomaniaque, sans la réduire non plus à une portion congrue trop voisine de la misère, on voit qu'il lui resterait un revenu suffisant au paiement de sa dette, et aussi une fortune en capital pouvant gager ce paiement.

Il va de soi qu'elle serait obligée de se soumettre à l'occupation de ses provinces les plus productives, et peut-être même à la perception, par les vainqueurs, des impôts et des revenus divers, publics et privés, assurant la rentrée de ses versements annuels. Et il n'est pas moins évident que cette occupation et cette perception dureraient jusqu'à la fin de ces versements, c'est-à-dire jusqu'au « quitus » intégral des cent quatre-vingt-dix milliards, mettons deux cents milliards en chiffre rond, prix légitime, modéré, sans aucune tare usuraire, de son abominable attentat contre la civilisation et la paix du monde.

Ainsi parla, beaucoup plus sagement que Zarathoustra lui-même, l'économiste aux calculs péremptoires, qui m'a, pour la première fois de ma vie, rendu clairvoyant en matières financières.

A vous, maintenant, de décider si la peau du monstre vaut qu'on le jette à bas définitivement, comme nous pouvons le faire, et qu'on la mette en vente, fût-ce dès aujourd'hui, sans jactance, sans vaine menace, mais simplement, et avec la bonne certitude de ne pas trop y perdre, et avec le sourire tranquille qu'avait mon économiste en alignant devant moi ses chiffres, lesquels, je l'avoue ainsi que j'avouais tout à l'heure mon incompétence, cyniquement, m'ont paru, en toute sincérité, des amours de chiffres.

———

5 mars.

L

« L'active ».

Certes, il demeurera fameux et radieux à jamais, non seulement dans nos fastes, mais dans les annales européennes, le fulgurant ordre du jour que vous savez, celui qui précéda, annonça et déclancha le grand coup de tonnerre, déjà enregistré par les historiens sous ce nom prodigieux : le miracle de la Marne.

Il ne faut pas, toutefois, que son éclat nous rende aveugles à des lumières apparues depuis, d'une splendeur moins éblouissante sans doute, mais qui cependant pénètre encore plus loin, me semble-t-il, dans les profondeurs de notre âme nationale.

Parmi ces lumières nouvelles, je n'en citerai qu'une aujourd'hui, parce que, celle-là, personne n'y a pris garde. Et j'en ai, pour nous tous, comme une honte, comme un remords, comme le sentiment d'une vilaine injustice que nous avons commise, et envers elle, et envers celui qui nous en a fait le don généreux, et, finalement, envers nous-mêmes.

Peut-être aussi n'avons-nous péché que par une modestie excessive. La chose, constatée par cette lumière, nous a paru si naturelle, que nous n'avons pas songé du tout à en tirer quelque raison d'orgueil. Cet orgueil-là, nous n'y aurions vu que de la vanité.

Et, donc, nous n'avons pas eu l'air étonné, ni même content. Nous n'avons rien dit. Nous avons ressemblé à ce bel enfant ingénu que tout le monde admirait, à qui l'on faisait sans cesse compliment de sa beauté, à qui un jour quelqu'un demanda :

« Ça ne t'ennuie pas, qu'on te répète toujours que tu es beau ?

— Mais non, répondit-il en haussant les épaules. Être beau ? Il faut bien ! »

Encore, lui, a-t-il fait au moins cette réponse, qui expliquait son silence. Mais nous, sans explication, nous nous sommes bornés à nous taire.

Et pourtant, quel compliment on nous adressait ! Et de qui nous venait-il, ce compliment ! De quelle voix autorisée, d'autant plus expressive qu'elle est moins prodigue de flatterie ! Vrai, il y avait de quoi se redresser, monter sur ses ergots, battre des ailes, secouer la crête, bref, comme disent les bonnes gens, *se moutarder !*

Lisez-le plutôt avec attention, et dégustez-en

toutes les paroles, et à plein cœur savourez-le,
ce compliment fait par notre Joffre à ses poilus !
Car il s'agit de lui, et de nos troupiers, des derniers venus, des réservistes, enfin, auxquels le
généralissime l'a récemment envoyé, cet autre
ordre du jour, digne de prendre place, lui aussi,
et en belle page, dans notre livre de gloire.

Je le transcris tel quel, sans en souligner le
texte d'aucun commentaire, dans sa simplicité
toute nue, si nue et si simple qu'elle a passé
inaperçue de la presse quasi entière. Et cependant !... Mais lisez d'abord. Relisez plutôt. Seulement, cette fois, en pesant chaque mot au
passage !

« Après six mois de campagne, les unités de
réserve ont acquis toute la cohésion qui pouvait
leur faire défaut au moment de la mobilisation ;
elles ont complété leur instruction en acquérant
l'expérience de la guerre, et ont donné sur
maints champs de bataille la preuve de leur
valeur. Le général commandant en chef décide
que les dénominations de division, brigade,
régiment, bataillon de *réserve*, sont supprimées.
A l'avenir, ces unités seront désignées uniquement par leurs numéros. Le général commandant
en chef est certain que les unités de réserve
auront à cœur de se montrer dignes de sa con-

fiance en rivalisant de valeur avec les corps actifs. »

Et voilà ! C'est tout. Et cela n'a l'air de rien, évidemment, à première lecture. Mais ce rien, je vous le répète, c'est tout, c'est l'essentiel, c'est le témoignage absolu de ce fait, à savoir que notre armée désormais est, tout entière, de « *l'active* ».

Et ce témoignage, ainsi rendu, quoique sans ostentation, sans panache, même avec une absence visiblement voulue de panache, c'est en même temps, et surtout, par les conséquences logiques qu'il va, qu'il doit, avoir aussitôt, c'est, n'en doutez pas...

Parbleu ! Je comprends à présent pourquoi il a passé inaperçu, cet ordre du jour. On ne les a certes pas soupçonnées, ces conséquences. On n'a point songé qu'elles étaient précisément, fatalement, celles d'où est sorti jadis l'autre miracle de notre histoire, le second après le miracle de Jeanne d'Arc, je veux dire le bouleversant miracle des *volontaires de* 92.

Rien que de *l'active* ! Toute la nation debout et devenue l'armée ! L'avancement des officiers et leur recrutement assurés désormais, non plus à l'ancienneté seule, au *tour de bête*, comme ils disent, mais au choix par la valeur, par l'expé-

rience acquise en se battant! Les chefs, les vrais,
les obéis, c'est au feu qu'ils se désignent d'eux-
mêmes, et que les hommes les reconnaissent, et
sans erreur possible! Ainsi les va-nu-pieds de 92
trouvèrent leurs cadres. Ainsi nos poilus des
tranchées ont déjà et de plus en plus auront les
leurs. Comprenez-vous? Rien que de *l'active!*

Ah! il peut être simple et sans emphase, et
sans vain panache, l'ordre du jour qui promet
cela! Sous ces phrases si grises exprès, presque
ternes pour qu'on n'en soit pas ébloui, voilà
quelle clarté flamboie, et quelles aurores elle
annonce!

Grognards qui avez aujourd'hui sept mois de
campagne, parmi vos sous-officiers, vos adju-
dants, vos lieutenants faisant fonction de capi-
taines, nous avons le droit de rêver, et vous
nous prouverez la réalité de ce rêve, et nous
voyons surgir déjà, et vivre, comme parmi les
volontaires de 92, des Hoche, des Marceau, des
Kléber, des Murat, des Soult, des Desaix.

Réservistes et Marie-Louise, tous de *l'active*,
voilà ce que vous êtes, voilà ce que vous avez
en puissance, voilà ce qui va éclore de vous,
voilà la diane de gloire qu'il vous sonne, cet
ordre du jour qui a l'air d'être sans panache,
mais seulement parce qu'il a voulu vous

laisser toutes les plumes pour vous en faire
des ailes !

------

25 mars.

LI

Le catoblepas.

Et voilà ! Ça y est ! Ils jubilent. Ils sont épa-
nouis. Ils s'esclaffent de joie. Ils s'imaginent,
ces lourdauds, qu'ils ont enfin épaté Paris, avec
leurs zeppelinades.

Telle est, en effet, la plus récente invention
par laquelle ils viennent de se manifester (à eux-
mêmes surtout ou plutôt à eux seuls) comme
subtils farceurs et ingénieux plaisantins. Tel est
le *dernier cri* de sa verve spirituelle, à ce peuple
de prétendus Surhommes, quand il pousse la
prétention jusqu'à vouloir être aussi le peuple
uberlustig, si j'ose m'exprimer en son charabia.

Notez, d'ailleurs, qu'ils ont pris soin, un soin
épais, d'appuyer sur leur épaisse facétie, en la
paraphant, et même en la patarafant, de cette
ligne, que portait inscrite une façon de papillote
jointe à l'une de leurs dragées :

« *Parisians* (je respecte le style et l'ortho-
graphe), *ceci est vos eufs Pâques.* »

O la suave ironie ! O la fleur délicate, la mieux parfumée de bon goût entre toutes leurs autres *delicatessen* !

Notez, en outre, que la galéjade était à double fin, comme il sied avec ces fessemathieu qui ne laissent rien perdre et se glorifient d'être les maîtres en l'art de tout utiliser méthodiquement. Il s'agissait de nous époustoufler, d'abord, soit ! Mais il s'agissait, en même temps, d'assourdir nous-mêmes et le monde entier par un grand bruit, afin que ne fût entendu nulle part l'autre grand bruit, que faisait là-bas, sur le front oriental, la chute de Przemysl.

Car ils en connaissaient la nouvelle, eux, et ils savaient que nous allions aussi l'apprendre, et le monde entier avec nous; et ils voulaient empêcher le monde entier et nous-mêmes d'en jouir. Comprenez-vous?

Oh! les petits rusés, les fins matois! Quels psychologues, n'est-ce pas? Quels génies! Quels Machiavels! En ont-ils, des tours, dans leur sac!

Non, mais, vraiment, pour nous croire bêtes à ce point-là, nous, Français, nous, Parisiens, à quel point faut-il donc qu'ils le soient, eux, juste ciel? On se le demande avec épouvante. On a beau faire, on ne peut se figurer jusqu'à quelle profondeur ils sont descendus dans le gouffre insondable de leur stupidité.

Rien qu'à essayer de regarder, furtivement, où ils en sont, on en a comme le vertige. J'en sais même, parmi nous, de cœur trop sensible, qui commencent à en avoir, pour eux, presque de la pitié.

On me permettra d'avoir le cœur plus dur. Leur bêtise a été la cause de tels crimes, de si abominables atrocités, que l'on ne saurait s'attarder à les plaindre. Ce serait manquer de tendresse envers tant de victimes qu'ils ont faites, et qui seules ont droit à toucher nos cœurs, jusqu'au jour où toutes, elles auront été vengées par le châtiment de leurs bourreaux.

Je dirai même plus : la première à tirer, de ces légitimes vengeances, c'est de nous montrer, envers les bourreaux, sans pitié aucune. Et voilà pourquoi, parmi nos plus saints devoirs, nous avons à remplir celui de mépriser et de haïr leur bêtise, cause initiale de leurs attentats, car c'est elle qui engendra leur orgueil et l'exalta jusqu'à la férocité.

En rire ne suffirait pas. Même se borner à en sourire ne satisferait pas notre mépris et notre haine. Aussi bien, pas plus au rire le plus brutal qu'au sourire le plus fin, qu'y pourraient-ils

comprendre, ces Soushommes en régression,
dont les plus civilisés en apparence, leurs *intellectuels*, ont signé le hideux manifeste approuvant les pires scélératesses du militarisme prussien?

Une Parisienne spirituelle me disait l'autre
soir, pendant que planaient dans le ciel de Paris
les zeppelins semeurs d'incendies et de morts
possibles :

« Ah! si j'avais l'honneur d'être aviatrice, ce
que j'irais jeter chez eux, à Berlin, ce n'est pas
des bombes, c'est des bouquets de violettes et
des petits pains d'un sou. Ils verraient ainsi
qu'ils ne nous font pas peur, et combien Paris
se moque d'eux.

— Hélas! lui répondis-je, ils n'y entendraient
goutte. Ils s'imagineraient que les violettes sont
empoisonnées et que les petits pains sont explo-
sibles. Ils sont si bêtes!

— Mais alors, répliqua-t-elle, comment leur
répondre?

— En répétant à satiété qu'ils sont bêtes, en
le leur affirmant, en le leur prouvant, jusqu'à
ce qu'ils ne puissent plus en douter. »

Elle conclut, dans un sourire :

« Quand ils cesseront d'en douter, c'est qu'ils
auront cessé de l'être. »

Ce n'était guère encourageant à poursuivre l'œuvre. N'importe! Je m'y acharnerai, pour ma part, sans relâche, sans me lasser, dussé-je me livrer à un travail aussi vain que celui qui consisterait à évangéliser le Catoblepas.

Et, à propos, peut-être serait-il temps ici, avant les lignes bouclant cet article, de dire pourquoi je l'ai intitulé de la sorte. C'est parce que l'emblème, le symbole, l'animal héraldique incarnant l'Allemagne, me semble être proprement ce monstre étrange, que nous a révélé Flaubert dans sa *Tentation de saint Antoine*.

Je l'avais toujours cru, ce monstre, né de l'imagination romantique par laquelle le grand Normand se vengeait de ce qu'il appelait le *Panmuflisme universel*. Mais non! Il avait, en visionnaire, prophétisé simplement le *Pangermanisme*. Et son fantastique Catoblepas, il existe, nous l'avons vu vivre, nous assistons à son apothéose précédant son anéantissement. Rappelez-vous plutôt comment Flaubert le décrit et le fait parler, et jugez si ce n'est pas l'Allemagne d'aujourd'hui.

Il a une tête de porc tombant jusqu'à terre. Il est vautré tout à plat, et ses pieds disparaissent sous l'énorme crinière à poils durs qui lui couvre le visage. Et voici ce qu'il profère :

« Gras, mélancolique, farouche, je reste perpétuellement à sentir contre mon ventre la chaleur de la boue, en abritant sous mes aisselles des pourritures infinies. Mon crâne est tellement lourd qu'il m'est impossible de le porter. Je le roule autour de moi, lentement; et, la mâchoire entr'ouverte, j'arrache avec ma langue les herbes vénéneuses arrosées de mon haleine. Une fois, je me suis dévoré les pattes sans m'en apercevoir. »

Attention! Le voilà qui recommence. Écoutez! Regardez! Il ne s'en aperçoit pas, qu'il se dévore les pattes. Le plaindrons-nous? Non. Rirons-nous? Non plus. Mais rien ni personne ne nous empêchera de crier :

« Dieu! qu'il est bête! Quelle brute! Quelle épaisse brute! »

1er avril.

LII

Pour ceux du front.

Si jamais, par la grâce de je ne sais quel privilége inespéré, j'avais l'insigne honneur d'être appelé sur le front pour y faire cette chose absorbe, une conférence à l'intention spéciale des poilus, savez-vous, ô nos chers poilus, quel serait le sujet de cette invraisemblable conférence ?

D'abord et d'une, laissez-moi vous dire que le choix n'en serait pas dicté par l'outrecuidante prétention de vouloir vous apporter, à vous, du réconfort. Vous n'en avez aucun besoin, c'est entendu. Et même, pour ceux d'entre nous qui pourraient en désirer, vous en avez à revendre. Donc, ne vous renfrognez pas d'avance à l'idée saugrenue que je viendrais, sous une forme ou sous une autre, vous crier :

« Courage ! Courage ! »

Mais n'allez pas vous imaginer, en revanche, que je m'amuserais, histoire de vous en amuser vous-mêmes, à vous développer la fameuse légende de mon ami le terrible pince-sans-rire Forain :

« Pourvu qu'ils tiennent !

— Qui ça ?

— Les civils. »

Cette légende, en effet, qui a exprimé férocement et justement la vérité à une certaine heure, ne la traduit plus avec la même exactitude à l'heure présente. Sans doute a-t-elle produit l'effet d'un fer rouge, qui cautérise une plaie à fond et la guérit pour jamais. Ou bien les trembleurs, dont le pessimisme suppurait par cette plaie, n'osent-ils plus en laisser voir l'immonde sanie. Toujours est-il qu'aujourd'hui, ô nos braves poilus, les civils tiennent, et tiennent bon, et m'ont tout l'air de vouloir, eux aussi, en avoir, du poil.

Et tel serait le sujet de la conférence (de plus en plus invraisemblable, n'est-ce pas?) que j'aurais la joie de vous faire, si le poste de conférencier sur le front était vacant, et si j'avais le bras assez long pour obtenir d'y être nommé.

Mais oui, nos chéris, oui, parfaitement, c'est comme j'ai l'avantage de vous le dire : nous tenons !

Oh! pas d'une façon aussi dangereuse, aussi héroïque, aussi sublime que vous, les enfants du miracle, sans cesse renouvelé depuis celui de la Marne. Mais, enfin, à notre matière, plus humble, cela va de soi, d'un mérite moins éclatant. Tout de même, assez pour que l'ennemi en personne soit forcé de le reconnaître et de nous en rendre témoignage, voilà !

Car c'est à lui, à lui seul, que je le demanderais, afin de vous en instruire, ce témoignage en notre faveur. Et cela, j'en suis certain, vous ferait plaisir. Vous n'en seriez pas jaloux. Vous êtes capables, bien plutôt, d'en être fiers. Vous auriez le cœur en joie à vous dire, de nous :

« Eh ! eh ! les bougres ! Voyez-vous ça ! Ils sont donc tout à fait dignes, désormais, d'être nos pères, nos oncles, nos anciens ? A la bonne heure ! Voilà enfin que toute la France est un peu là, et de l'active ! »

Toute, en effet, ô nos chers enfants, ô nos frères, ô nos vaillants ! Toute, oui, du haut en bas ! Et y compris, comme bien vous pensez, ces braves entre les braves que sont vos épouses, vos filles, vos mamans et vos grand'mamans, les femmes françaises, quoi !

Apprenez même le vrai du vrai et le fin du fin, ô mes poilus bien aimés: ce sont elles qui, premières, ont donné l'exemple, ont fait honte aux quelques froussards blagués par Forain, et nous ont gagné jusqu'à l'estime des Allemands pour Paris.

Et je vous lirais, à preuve, ce que les pires gallophobes d'outre-Rhin ont fini par avouer, pas plus tard qu'il y a quatre jours, dans le plus hostile de leurs journaux, la *Gazette de Cologne*.

Voulez-vous que je vous les lise, ces lignes à notre louange, comme si je vous la faisais pour de bon, l'invraisemblable conférence ? Oui, bien sûr, que vous le voulez ! Alors, formez le cercle, et silence dans les rangs, et passez-vous ça entre la langue et le palais, ô nos chers poilus ! Attention ! Je commence à lire. C'est la *Gazette de Cologne*, du 25 mars, qui parle :

« L'observateur, qui sait regarder la vie de Paris, dòit constater que l'on y travaille, que le peuple y est sain, et que, ce qui a disparu, c'est simplement une vie frivole, sous laquelle se cachait un noyau de vertus solides. »

Vous avez entendu, hein ? Et vous avez savouré, pas vrai ? Et chaque mot vous est comme un bonbon délicieux, ne le niez pas ! Surtout ce *noyau de vertus solides*. Est-il Dieu possible que nous l'avions, et que nous le cachions si soigneusement, ce noyau ? Il faut croire, puisque c'est eux qui l'affirment.

Et ce que je vous dirais encore, ô nos bons poilus, et avec quelle fierté, avec quel ravissement... Oh ! écoutez cela surtout, je vous en supplie, cela qui va vous aller jusqu'au fond du cœur, à vous particulièrement, les gars de la campagne, à vous les *pile-la-terre*, à vous qui l'aimez tant, notre vieille terre de France, à vous dont les aïeux l'ont tant arrosée de leurs sueurs, et qui l'arrosez mieux encore aujourd'hui de votre beau sang, oh ! cela surtout, écoutez-le, poilus de la glèbe...

Eh bien ! votre maman la terre, elle aussi elle

tient, et tient bon, en attendant votre retour.
Vos anciens, et vos petits, et vos femmes, l'ont
soignée, câlinée, mieux encore que vous-mêmes
peut-être. On dirait qu'ils ont voulu lui faire
oublier votre absence, et l'empêcher de croire à
votre abandon momentané. Jamais elle ne m'a
paru plus belle, l'autre hier que je suis allé lui
rendre visite. A la voir si joliment labourée,
hersée, semée, par des tout vieux souvent, ou
des adolescents, ou même vos ménagères, vous
en pleureriez d'attendrissement joyeux.

Et déjà les oiseaux du printemps y chantent,
vous savez, le pinson, le petit rossignol des
murailles. J'y ai entendu roucouler des tourte-
relles. Oh ! qu'elle vous sourira, votre *doulce*
France, quand vous allez la revoir ! Et comme
vous remercierez ceux et celles qui vous l'ont si
bien mignotée pour le jour prochain des retrou-
vailles !

Sûr, bien sûr, que je n'aurais pas l'outrecuidante prétention de vous apporter du réconfort,
à vous, si j'avais l'honneur de vous la faire,
l'invraisemblable conférence sur le front...

Et pourtant, ohé ! les poilus, ohé ! les durs-à-
cuire, pourquoi diable avez-vous cette larme au
coin de l'œil, quand je vous dis que..., et encore
que... ?

Eh bien! en somme, pas si absurde que ça,
voyons, ma conférence pour vous! Pas plus bête
qu'autre chose, hein? Sans compter que j'en
aurais encore et encore à vous en débagouler,
des histoires qui ne vous embêteraient pas trop,
dans ce genre-là!

Ah! bon sang de bon Dieu! Quel dommage
quand même, qu'il n'existe pas, le poste de conférencier sur le front!... Après tout, si je faisais
des démarches pour...! Qu'en pensez-vous, les
poilus?... Faut-il?... Qui sait?

8 avril.

LIII

Encore les deux âmes.

Que leur âme et notre âme constituent bien
deux âmes absolument irréductibles et même
impénétrables l'une à l'autre, voilà qui est
certain, et d'une certitude universelle. Fût-ce
parmi les pires sourds et aveugles chez les pires
des neutres, personne au monde n'en saurait
douter désormais, tant les preuves en sura-
bondent, tant chaque jour en fournit de nouvelles, et chaque jour plus accablantes. On a

presque honte à constater un aussi banal lieu commun.

Et cependant, dire cela, et cela sans plus, ce n'est pas assez dire. Dans cette façon de mise en parallèle entre leur âme et la nôtre, subsiste un reste de partialité à leur égard. En ne disant que cela, on leur fait, somme toute, encore trop d'honneur.

La vérité qu'il faut avoir le courage de dire, ou plutôt qu'il faut crier aux quatre coins de la terre et du ciel, pour en propager et en imposer l'impérieuse évidence, la voici : c'est que, non seulement à notre âme en particulier, mais à l'âme humaine en général, à l'âme collective de l'Humanité elle-même, demeure et doit demeurer incurablement irréductible leur âme, la chose sans nom qui leur tient lieu d'âme, à eux.

Et que l'on n'aille pas voir là une exagération lyrique où s'exhale notre haine! Non pas! J'ai la prétention de parler simplement, même froidement, de sang-froid et de sens rassis, en toute sincérité comme en exacte logique. Et je vais donner mes arguments, soumis au contrôle de la plus stricte raison.

Deux lettres, dont je citerai des extraits, me serviront à mensurer, à peser, à jauger et à juger les deux âmes. On y verra, sous une éblouissante lumière, quel abîme les sépare à jamais, et que l'une, la nôtre, est l'expression même de l'âme humaine dans ce qu'elle a de plus haut, tandis que l'autre, la leur, se montre et se démontre, sans aucune contestation possible, en dehors de l'Humanité.

L'une de ces lettres a néanmoins pour auteur un de leurs esprits les moins bas, un artiste raffiné, un jeune du tout premier rang parmi leurs écrivains. L'autre fut écrite, en revanche, par le plus humble de nos petits soldats, presque un illettré. Toutes les deux, d'ailleurs, sont ingénues et de bonne foi. Et c'est ce qui fait la force de leurs témoignages comparés.

On se rappelle, à coup sûr, les beaux vers où le grand poète belge Verhaeren a marqué du fer rouge lès bourreaux de son sublime pays. On n'ignore pas, non plus, qu'il avait été souvent et largement fêté en Allemagne, qu'il y avait non seulement des admirateurs, mais des disciples. C'est un de ceux-là, Julius Bab, qui vient de lui adresser une lettre *ouverte*, protestant contre la protestation indignée de son ami et de son maître.

La lettre est respectueuse, toute baignée de l'ancienne tendresse. Elle n'accuse point. Elle plaint. Elle défend même Verhaeren d'avoir été un calomniateur de l'Allemagne en décrivant le *sadisme germanique* et *les pieds d'enfants coupés* qu'on a trouvés dans la musette de leurs soldats. Elle consent à croire que le poète a été la victime de méchants *on-dit*. Elle n'en persiste pas moins à prétendre que, si les Belges ont été martyrisés, c'est par leur faute, oui, parce que cette *race tenace s'est dressée pour un épouvantable meurtre contre les soldats de son peuple*, à lui. Et quant aux forfaits allemands, il les nie, c'est bien simple, comme le dernier venu des quatre-vingt-treize intellectuels.

Forcé, quand même, d'avouer qu'on en connaît au moins quelques-uns, Julius-Bab n'hésite pas à les excuser ainsi :

« Vous ne pouviez pas savoir que, poussée dans un combat pour son existence, l'Allemagne était obligée de violer une neutralité qu'*on sait maintenant avoir été violée bien avant par la partie adverse*. Vous ne pouviez rien savoir des actes épouvantables *commis par le peuple belge, qui obligèrent nos soldats à une défense désespérée.* »

Et il n'hésite pas non plus, le raffiné Julius Bab, à se solidariser, en fin de compte, avec ceux que Verhaeren appelle des Huns et des Sadistes germaniques. Il écrit, bravement :

« C'est de la communauté de ces hommes que s'est *épanoui notre esprit*. Il serait misérable et vulgaire à nous si nous réclamions dans l'opinion et le destin du monde un autre sort que le leur. »

Et il conclut, après un tableau touchant de son concierge, soldat de la landwehr qui vient en permission embrasser sa femme et ses enfants, il conclut par ces lignes délicates :

« Lui sorti, je sentis traverser mon cerveau comme des flammes ces vers abominables sur les pieds d'enfants coupés, qui veulent caractériser nos soldats allemands. »

Et savez-vous ce qu'il ajoute, le raffiné? Non, vous ne devinerez pas. Lisez!

« *Pendant une minute, j'éprouvai une brûlante honte pour vous, poète Verhaeren.* »

Après quoi il plaint de nouveau le noble poète, et, toujours respectueux, lui exprime son admiration poétique quand même, mais déclare *qu'en chassant ses frères allemands, Verhaeren l'a expulsé de son cœur.*

Et maintenant, débarbouillez-vous de cette âme germanique en regardant une âme française, une âme humaine, dans la lettre du petit soldat Georges Belaud, simple cuisinier, mort en héros, et qui, avant de mourir, avait écrit, entre autres choses belles et tendres, ces lignes à sa femme :

*« Sache bien, si je meurs, je mets toute ma
confiance en toi et je te demande de vivre pour
élever mon fils, en homme, en homme de cœur, et
donne-lui une instruction assez forte et selon les
moyens que tu disposeras. »*

Ne faites pas attention, n'est-ce pas, lecteurs,
au style de Belaud! Ne lisez que son âme. Ce
style, on s'est bien gardé d'y rien changer. Tel
quel a voulu le publier notre *Société des Gens de
Lettres*. Tel quel le *Club des Cent* l'a fait imprimer,
par les élèves de l'Ecole Estienne, en grand
papier de luxe, format in-folio, pour honorer la
mémoire d'un cuisinier, et aussi et surtout pour
opposer avec fierté cette lettre d'un de nos
simples au fameux manifeste des Intellectuels.
Et que Julius Bab aussi en profite, s'il le peut!
Qu'il apprenne sur quel plan, supérieur au sien,
vit et meurt un pauvre ouvrier français, sans
autre instruction que celle de l'école primaire,
mais capable de penser, de sentir, et de léguer
en testament la phrase que voici :

*« Et surtout, mon Yvonne, tu lui diras à mon
fils, quand il sera grand, que son père est mort
pour lui ou tout au moins pour une cause qui
doit lui servir à lui et à toutes les générations à
venir. »*

O lamentables attardés d'outre-Rhin, ô tas de

faux Surhommes qui êtes encore si loin d'être de vrais hommes, combien en faudra-t-il chez vous, de ces générations à venir, pour que l'âme d'un Julius Bab devienne seulement en état de comprendre l'âme d'un Georges Belaud?

Essayez d'y songer un peu, et prenez au moins conscience de votre épaisseur et de votre bassesse, ô tristes gens, et tâchez de nous prouver que vous avez quand même un vague semblant d'âme, en pleurant de la trouver si brute et si pauvre!

23 avril.

LIV

Le talion.

Non, je vous en supplie, ne commencez pas par vous récrier, rien qu'à la lecture de ce titre! Ne vous en promettez point de quoi me juger ridicule ou féroce. J'espère vous prouver, très sagement, que je ne suis ni l'un ni l'autre.

Et d'abord il ne s'agit en aucune façon, ici, de vendre la peau de l'ours avant qu'on ne l'ait mis par terre. Il y est, en effet, bel et bien, le monstre. Non pas tué encore, en effet; mais mal en point, voilà qui ne se discute plus. Il le sent. Il le sait. Il le confesse. Ses derniers grognements, par la voix de son Kaiser en personne, disent assez, tout haut et tout net, que ce qui est en jeu pour lui désormais, c'est son existence.

Puisqu'il consent enfin à cet aveu, nous pouvons en faire état nous-mêmes, d'après lui-même. Profitons-en, sans l'ombre d'un vain scrupule, sans crainte de passer pour des fanfarons, mais avec la sérénité de bons logiciens qui poussent un raisonnement jusqu'au bout, voire jusqu'à l'absurde.

C'est par la raison, en effet, par elle seule, que nous est imposé ce terrible mot de *talion*, auquel nul autre ne saurait être substitué, en face d'ennemis tels que ceux-là. Nous prétendons, au reste, n'y attacher aucune idée féroce, on va le voir.

Une fois de plus, j'ouvre mon vieux Littré, aux définitions précises, sources de lumière, et j'y lis, tome IV, page 2135, première colonne, les lignes suivantes :

TALION. *s. m. Punition qui consiste à traiter un coupable de la même manière qu'il a traité les autres.*

Sur quoi, tranquillement, de sens rassis, en

évitant avec soin toute exagération de colère,
fût-elle légitime, et en me gardant de toute
cruauté, dont j'aurais honte, on me permettra
de ratiociner, sans plus, comme s'il était question d'un problème où ma raison seule s'intéresse,
et ne se laisse point troubler par mon cœur.

Car il va de soi que, si mon cœur s'en mêlait,
mon cœur français *trop plein du lait de l'humaine
tendresse*, je n'irais pas plus loin. Je me rappel-
lerais que toute notre belle civilisation méditerranéenne a eu précisément pour but de détruire
cette vieille loi impitoyable du talion, et qu'elle
l'a remplacée par une justice plus douce, aux
mains maternelles.

« *Le cœur a ses raisons, que la raison ne connaît pas* », a dit notre Pascal. Et c'est ce cœur
qui a fini par faire entendre raison à la raison,
et par lui prouver que le talion était féroce, et
inapplicable entre de vrais hommes ayant cessé
d'être des brutes.

Mais quoi? Nos ennemis se font gloire, eux,
de mépriser ce cœur, et d'être devenus, grâce à
ce mépris, les Surhommes qu'ils prétendent
dignes d'être nos maîtres.

C'est donc à la lueur de leur propre jugement
que nous devons les juger. Et voilà le talion
qu'il nous faut invoquer contre eux; logique-

ment, selon leur logique à eux; implacablement, comme l'exige leur unique régulatrice,
la Raison.

A cette lueur, selon cette logique, sous la
règle de cette Raison, sont-ils, oui ou non, des
coupables? Tout est là. Et puisqu'ils sont des
coupables, sont-ils passibles de la punition définie par Littré? Oui. Cette conclusion les tient
dans un étau. Je les défie d'en sortir.

Un de leurs théoriciens, dont ils ont voulu
mettre abominablement les théories en pratique,
le général Bernhardi, a cyniquement écrit contre
nous :

*« Il faut que la France, dans le prochain et
inévitable conflit, soit si complètement écrasée, que
l'Allemagne ne la trouve plus jamais sur son chemin. »*

Un autre de leurs apôtres, Treitschke, a formulé cet axiome essentiel de leur monstrueux
Évangile :

« La Force prouve le Droit. »

Enfin, le Messie lui-même de cet Évangile,
leur Kaiser, en qui s'est incarnée leur foi pan-
germanique, a cité dès 1907 ce *Credo* dont toute
l'Allemagne a fait le sien :

« *Que nous importe la règle selon laquelle est abattu notre ennemi, quand il est à nos pieds, lui et tous ses étendards ! La règle qui l'abat est la plus haute de toutes les règles.* »

Ne cherchons pas ailleurs, en de lamentables sensibleries, les textes du code qui doivent nous servir à les juger. Le nôtre ne leur est pas applicable, puisqu'ils n'y peuvent rien entendre. C'est du leur, et de lui seul, que leur sort dépend. Ainsi le veut la stricte logique. Ayons le courage, froid et résolu, de l'affirmer.

Certes, en exécuter les arrêts, de ce code, nous ne le pourrons point. Notre cœur, *trop plein du lait de l'humaine tendresse*, ne le saurait. Il s'en soulèverait de dégoût et d'horreur.

Et ils y comptent bien, les lâches ! On connaît la réponse de cet officier de uhlans, convaincu d'avoir commis les pires scélératesses, et menacé de représailles :

« Vous êtes trop chevaleresques pour en être jamais capables. »

Mais la logique a des susceptibilités par où les repincer au demi-cercle. Soyons donc logiciens jusque-là. L'antique talion, avant d'être supprimé tout à fait, a subi des tempéraments qui promettent encore des douceurs de vengeance à nos justes rancunes. Le prix du sang, même chez les Barbares, s'est évalué en peines qui suffisaient à punir les coupables, en les réduisant à l'impuissance. Frappons ceux-ci de ces peines, amendes, contributions, occupation, servitude. Le tout dosé, pesé, sans faux poids dans la balance, mais aussi sans que rien fasse fléchir l'équitable fléau de la balance et l'empêche de demeurer rigide, et d'être ainsi, pour eux, au double sens du vocable, le *fléau*.

Obligeons notre cœur à se taire, s'il essaie de les plaindre. S'ils se plaignent eux-mêmes, osons leur répondre, avec leur Treitschke, que *notre Force prouve notre Droit*. Donnons-leur les raisons devant qui s'inclinait leur raison, à savoir que *la règle qui les abat est la plus haute de toutes les règles*. Humilions-les sous les articles de foi de leur propre *Credo*. Retournons contre eux la nécessité proclamée par leur Bernhardi contre nous ; mais ajoutons-y que l'Humanité tout entière proclame aujourd'hui *le besoin d'écraser l'Allemagne assez complètement pour que l'Humanité ne trouve plus jamais l'Allemagne sur son chemin*.

Voilà le talion, exempt de crime et de férocité, que l'on a pleinement le droit et le devoir d'infliger (pour la dernière fois, espérons-le) dans l'histoire du monde; ce qui nous permettra de l'infliger sans remords, sans même grincer des dents, mais en ne les montrant que dans un ironique, et joli sourire, à la française.

---

13 mai.

LV

La bonne leçon.

C'est une leçon de choses, une de ces leçons qui vous donnent à l'instant même un enseignement complet et inoubliable. Je l'ai reçue l'autre jour, à Lyon, la vieille cité mystique et ouvrière, capitale tout ensemble de la charité religieuse et de la solidarité sociale. Je l'ai reçue à plein cerveau et à plein cœur.

Mon cerveau en a été soudainement illuminé. Mon cœur en reste profondément ému. Je voudrais répandre cette clarté, faire partager cette émotion, et que la bonne leçon pût fleurir et fructifier partout, comme je l'ai vue fructifier là-bas, c'est-à-dire non plus seulement en belles paroles et en nobles intentions, mais en actes.

Certes, ici, à Paris, et dans la France entière, on s'est préoccupé, avec justice, et même avec amour, du sort précaire et douloureux qui attend nos pauvres mutilés. Tout le monde est d'accord pour sentir que nous ne pouvons pas vivre heureux, dans la paix future, si glorieuse soit-elle, tant que nous n'aurons point payé la dette de reconnaissance que nous leur devons. Et tout le monde avoue, non sans une sorte de honte, que la pension, fournie aux mutilés par l'État, ne saurait suffire à la payer, cette dette.

Elle leur donnera de quoi ne pas mourir de faim, c'est entendu. Mais leur rendra-t-elle, dans la société qu'ils ont aidé à sauver par leur sacrifice, la place et la pleine dignité d'homme auxquelles ils ont droit, un droit sacré, supérieur au droit qu'y ont les autres? Non, évidemment.

Et pourtant, cette place et cette dignité, *il faut* que nous trouvions le moyen de leur en assurer la possession, coûte que coûte, sous peine d'être à leur égard les plus abominables des ingrats.

Même une pension leur garantissant l'oisiveté complète, ce n'est pas assez, nous le savons bien. Notre devoir total exige que nous leur garantissions aussi l'indépendance, la dignité, la possibilité d'une famille dont ils peuvent avoir le besoin, le rêve, pour demeurer vraiment nos égaux et nos frères.

Et alors on a pensé à des écoles professionnelles où ces hommes, malgré la privation de
tel ou tel membre, auraient chance d'apprendre
quelque nouveau métier, et de redevenir, quoique
mutilés, des travailleurs. L'idée était généreuse,
noble. Barrès, le premier, je crois, l'a brandie.
Une souscription pour la réaliser fut même
ouverte. L'État mit la chose à l'étude. Une commission fut nommée.

Et puis? Où en est-on? L'établissement modèle, qu'on devait instituer au parc Saint-Maur,
fonctionne-t-il? Je ne sais pas. Je ne reproche
rien à personne. Je me borne à demander si les
belles paroles se sont changées, ou quand elles
vont se changer, en actes.

A Lyon, c'est fait. Le maire, M. Herriot, a eu
la témérité de dire, à la charité et à la solidarité
lyonnaises, qu'il fallait le faire. On a répondu à
son cri. Et l'école existe.

Dans une vieille demeure seigneuriale d'un
faubourg, parmi des jardins, sont installés, logés,
nourris, instruits, environ quatre-vingts mutilés,
en train de redevenir des travailleurs, que leur travail transformera derechef en hommes libres. Des
maîtres ouvriers, chacun expert en son art, leur
enseignent les métiers où peuvent s'accommoder
des mutilations. Il y a un atelier de brochage et

de reliure, un de cordonnerie, un de menui-
serie, un de coupe et de couture. On y apprend
aussi la comptabilité, la dactylographie, l'écri-
ture de la main gauche. On y fait en outre des
cours du soir pour ceux que la besogne manuelle
n'empêche pas de songer à cultiver leur esprit.

L'école a pour directeur, jeune et ardent
comme un apôtre, un réfugié belge, qui était
naguère secrétaire de l'*Université du Travail* à
Charleroi. Sa méthode est jeune et ardente aussi.
Elle remplace les longues routines de l'appren-
tissage ancien par l'immédiate *main-en-pleine-
pâte*, plus attrayante.

Si attrayante, que tous ces apprentis apprennent
avec joie, en chantant. Ils en oublient leurs misères physiques. Les ateliers semblent des
volières. On ne songe même plus à les plaindre,
ces mutilés. Leurs regards, fiers de l'effort accompli, heureux de l'avenir assuré, souriants de la
dignité virile reconquise, ne font point pitié,
mais plutôt envie. On sent qu'ils ont conscience
d'être plus hommes que les autres, par leur
volonté à l'être redevenus.

J'ai passé parmi eux une des heures les plus
réconfortantes, les plus douces, les plus nobles
de ma vie, à comprendre tout le réconfort, toute
la douceur, toute la noblesse du travail. Et les

larmes qui me montaient ... cœur aux yeux, et
que je ne pouvais pas retenir, bien loin d'être
des larmes attendries sur leur sort, étaient un
hommage de mon émotion devant la grandeur
morale de ces ressuscités.

Je n'eus même pas à le leur dire. Ils le sen-
tirent tout de suite. Un vieux contre-maître m'en
remercia en quelques mots. Et à mon tour je le
remerciai, et je leur rendis grâces à tous, pour
la leçon de choses qu'ils venaient de me donner,
et que je leur promis de donner d'après eux.

L'ai-je fait en termes assez simples? Je le sou-
haite. Je n'y ai mis aucune rhétorique vaine,
aucun souci de littérature. J'ai conté les faits
comme je les ai vus et sentis. Je ne veux même
pas les commenter. Chacun en tirera tout seul
le haut enseignement qu'ils comportent. On me
permettra d'ajouter, sans plus :

« Pourquoi Paris ne fait-il pas ce que Lyon a
déjà fait depuis deux mois, et si bien fait? Pourquoi ne le fait-on pas partout? A quand l'éclosion
des belles paroles changées en actes? »

20 mai.

LVI

La fête d'hier.

Oui, certes, la fête! Je n'ai plus aucun vain scrupule à l'écrire de nouveau, ce mot heureux dont nous sommes désaccoutumés depuis si longtemps. Et c'est même en lettres majuscules que je voudrais l'écrire, majuscules et flamboyantes, pour que tous les yeux et tous les cœurs en fussent illuminés.

Car ce ne fut pas une de ces fêtes hideuses comme ils s'en donnent là-bas, chez eux, les brutes et les sauvages, seule fin de *bluffer* devant les neutres et devant eux-mêmes, quand ils pavoisent en l'honneur de leurs brutalités et de leurs sauvageries, quand ils célèbrent les victoires de pirates remportées par leurs sous-marins, quand ils se congratulent d'avoir noyé des passagers sans armes, des femmes, des enfants, quand ils se font gloire d'être au ban de l'humanité!

Non! Ce fut, tout au contraire, une vraie et bonne fête humaine, à la fois douce et récon-fortante, une fête de famille où l'on communie en pleine tendresse, en plein amour les uns pour les autres, en belle et noble gratitude témoignée aux membres de la famille qui se sont généreusement sacrifiés afin que la famille entière eût plus de bonheur et plus d'honneur.

Oh! de quelles suaves larmes on avait les paupières mouillées, à voir toutes ces vaillantes victimes de leur devoir si magnifiquement accompli! Et comme on les retenait, ces larmes, de peur que les cinq mille blessés héroïques, qui étaient là, n'y trouvassent quelque pitié trop humiliante à leur infortune! Et comme on sentait bien qu'ils avaient conscience de nous inspirer, non pas cette pitié, en effet, mais une réelle, une profonde, une sincère envie, faite de reconnaissance et d'admiration! .

Aussi ne manifestaient-ils, même les plus gravement mutilés, aucun besoin d'être plaints, aucune tristesse attristante. Les soins si dévoués et si tendres de leurs infirmières, au tutoiement de petites mamans câlines, avaient beau en faire parfois comme de grands enfants, cela n'enlevait rien à leur noblesse, rien à la dignité d'homme où savait se maintenir leur héroïsme simple et tout naturel.

Et cependant, c'est bien comme de grands enfants, en effet, qu'ils prenaient la distraction, ou sévère ou amusante, qui leur était offerte. Ils vibraient avec tous les ressorts de leur âme populaire, aux ardentes paroles qu'on leur disait, aux belles œuvres de poésie, de musique et de danse qu'interprétaient devant eux les meilleurs artistes de Paris, aux reconstitutions historiques leur montrant les volontaires de 92, le *Chant du départ*, le *Salut au drapeau*, la *Marseillaise*. Et de même, c'est avec un cœur largement épanoui qu'ils riaient aux joyeux refrains d'une revue brocardant les Boches, aux hilarantes chansons d'une Marguerite Deval, d'une Lise Berty, d'un Vilbert, aux drôlatiques fantaisies de Footit et de ses fils, aux gaillardes et familières apostrophes de leur brave vivandière, Eugénie Buffet.

Car ils demeurent gais, ces héros, gais sous le sort qui les frappe, comme ils l'étaient sous la mitraille, puisqu'ils sont des troupiers français, de ces héros à la bonne franquette, dont le coin de lèvre garde jusque dans la mort cette rare fleur qu'est notre rire, et même jusque dans la mutilation, cette fleur plus rare encore qu'est le sourire.

Voulez-vous savoir à quel point? Il faut l'avoir vu pour le croire. Et nous l'avons vu tous, hier. Nous avons vu deux grandes voitures, pleines de soldats aveugles qui s'en retournaient aux Quinze-Vingts, et qui prouvaient bien qu'ils venaient d'assister à une fête, puisqu'ils s'en allaient de là en chantant.

O les merveilleux, les miraculeux enfants de France! Jamais nous ne les célébrerons assez, jamais nous n'aurons pour eux assez de tendresse, assez de gratitude, assez d'amour! Ce n'est pas nous, en vérité, qui leur avons donné une fête, hier. C'est eux, c'est eux seuls qui nous l'ont donnée, cette fête. Et combien belle, et combien émouvante, et combien digne d'être contée à tout le pays, pour que tout le pays y exalte et y confirme son espérance inébranlable et sa certitude absolue dans la victoire totale et prochaine qu'ils méritent, ces simples héros, ces miraculeux enfants de notre France!

Qu'ai-je bien pu leur dire, à ces cinq mille braves, pendant les vingt minutes où j'ai eu l'honneur et l'ivresse de leur parler? En vérité, je n'en sais plus rien. Mais ce que je sais, c'est que je n'ai pu rien leur dire de tout ce qui chantait et bouillonnait dans mon cœur.

Oui, sans doute, des images ont dû jaillir de ce bouillonnement, des cris ont dû traverser ce chant à leur louange, et crier comme des appels de *Magnificat* à leur gloire. Mais, en y songeant, aujourd'hui, il me semble n'avoir été qu'un pauvre muet.

Je leur en demande humblement pardon. De toutes mes vaines paroles, une seule vaut qu'ils en conservent le souvenir. C'est celle où j'ai rendu hommage, et par laquelle je leur ai fait rendre hommage, eux aussi, à Gabriele d'Annunzio, au grand poète d'Italie, dont la voix vient de rouvrir les ailes de notre sœur latine.

Et ainsi vous le voyez bien, une fois de plus, que la fête d'hier fut une bonne et vraie fête, une fête de famille, et que ce n'est pas nous, en vérité, qui l'avons donnée à ces cinq mille braves, mais que c'est eux qui nous l'ont offerte, et non seulement à la famille française, mais à la famille méditerranéenne, ce qui veut dire à la famille humaine, celle de la Civilisation par la tendresse!

3 juin.

LVII

Les muets.

Vous voilà bien, Troupeaux de Muets, loups à face de brebis bélante...

Je ne sais ce que c'est que la haine ; et cependant

j'ai au fond de mes entrailles, pour vous, une haine profonde !

Car tout mal vient de vous.

Vous êtes les Receleurs, les Muets qui laissez tout faire.

Ainsi clamait, il y a plus de quarante ans, dans les cénacles où fermentait notre jeunesse, un grand lyrique. Il y passait méconnu de presque tous, et plutôt ridicule pour la plupart. Il est mort avec la légende d'un demi-fou. C'est tout le bout du monde si nous sommes encore trois ou quatre de ma génération à en avoir gardé souvenance. Lui-même se jugeait en ces termes :

« Je suis un prophète prophétisant tout seul dans une cave. Je suis un génie cassé en morceaux et mal ressoudé. Les idées, que visent les flèches de mon verbe, sont des aigles qui, atteints, ne tombent pas, mais emportent le trait avec eux au plus haut du ciel. Comment me prendrait-on au sérieux ? Un de mes yeux est en éclairs, l'autre en nuit blanche. Mon prénom est d'un héros, que mes deux noms rendent grotesque. »

Il avait l'œil gauche voilé d'une taie énorme, et il s'appelait, le pauvre homme, Achille Toupié-Béziers.

De quel accent fort et net elle clame toujours, cependant, et claironne, et buccine, dans les lointains échos de ma mémoire, sa voix de grand lyrique, de prophète, de génie! Bien ou mal ressoudé, qu'importe! Mais do génie, quand même. Ecoutez-la plutôt. D'autres phrases rechantent en moi, de son apostrophe aux Muets.

Que le Crime vous connaît bien! Son espoir est en vous.... Et il passe, calme et souriant.... On dirait une fiancée qui se rend au temple.

N'est-ce pas, que vous le voyez passer, calme, souriant, le Crime? Oui, oui, en effet, une fiancée qui se rend au temple. Do quel air inno-cent! Le temple n'est-il pas celui où trône son *vieux dieu?* Et ne va-t-elle pas s'y faire absoudre de tout, la mégère à la bouche en cul de poule, puisqu'elle a pour garants de sa vertu, pour souteneurs à mine d'anges gardiens, qui? Eh! parbleu, les Muets, les Recéleurs, les Muets qui laissent tout faire.

Pourquoi douterait-il, le Crime, de leur appui qui ne lui a jamais manqué, de leur complicité certaine, et si facile? Car, afin qu'il puisse, une fois de plus, passer calme, souriant, en fiancée innocente qui se rend au temple, ils n'ont pas même besoin d'un effort, d'un geste, fût-ce d'un œil clignant vers lui; ils n'ont qu'à se taire, et rien de plus.

Et j'entends la vengeresse apostrophe du lyrique reprendre à voix haute, en phrases cinglantes :

Muets! Partout je vous retrouve. Jeanne est au bûcher.... Et que faisiez-vous, quand la Fille de France mourait au milieu de vous, et que le feu du bûcher vous dardait au visage?

Vous regardiez brûler! O Muets!

Et je l'entends encore, le grand lyrique méconnu, le pauvre Achille ridiculisé par ses deux noms, l'homme à la taie lamentable, mais à l'autre œil flamboyant comme un feu d'artifice en étoiles, je l'entends qui continue ses invectives contre les lâches, cuirassés de leur sempiternel silence. Il les compare à Pilate, et à Judas, mais en leur préférant, et combien justement, et Pilate, et Judas!

Car Pilate, du moins, a fini par parler, lui, et par avouer que son condamné n'était point coupable, quand même. Et il s'est lavé les mains du crime commis, tandis que les mains des Muets, elles, continuent imperturbablement à faire le silence et l'ombre.

Et Judas, d'autre part, s'est repenti. Il a rejeté les trente deniers de sa trahison. Il a fait comparaître Judas le traître devant Judas l'honnête homme. Et, en fin de compte, loyalement, tout droit, comme un honnête homme, sans se faire grâce, il est allé se pendre.

Tandis que les Muets, eux, ils ne rendent jamais les pièces d'argent, prix de leur complicité ! Sans fin, sans remords, toujours, toujours, ils absolvent le Crime, celui du Criminel, et le leur, par le Silence.

S'ils se pendaient, ce serait une façon de parler. Et leur fonction abominable est de se taire.

Et ici, dans les lointains échos de ma mémoire, je l'entends sangloter, mon pauvre grand ami, sangloter sur toutes les horreurs et toutes les scélératesses qu'ils ont laissé commettre, les Muets, les Recéleurs, ceux par qui tout le mal arrive, parce qu'ils ne veulent point cesser de se taire.

Et voilà deux mille ans que les Christs passent, si près de nous que leurs larmes mouillent nos visages ! Et voilà deux mille ans que les grandes Douleurs, les Vertus mutilées, les Calvaires sublimes, et le Bûcher de Jeanne, et la Coupe de Socrate, et des Lambeaux vivants de Nations, passent devant nous en nous tendant les mains ! Vainement ! Vainement !

Comme il était splendide, alors, notre pauvre

ami, quand il adjurait les Muets de rompre enfin leur affreux silence ! Sous la buée de ses larmes, sa taie elle-même disparaissait. On ne voyait plus que les fulgurations de son regard déchirant cette brume de leurs rayons, ainsi qu'une aube dans les nuées matinales.

Et c'est à l'aube, en effet, que l'on était forcé de songer, à l'aube du jour où les Muets prendraient enfin la décision de parler, puisqu'ils le peuvent. Car ils le peuvent, quoique muets de naissance. Ils le peuvent ; il le leur prouvait, leur disant :

Ah ! Maîtres Muets ! Si l'on touchait à la haie vive qui garde vos espaliers, ô Muets, comme vous parleriez tous à la fois, pour crier sacrilège.

Eh bien ! sois satisfait, brave ami, prophète qui n'a point prophétisé dans une cave. On y a touché à cette haie vive. C'est le Crime en personne qui a commis ce sacrilège imbécile. Et les Muets, cette fois, ont ouvert la bouche.

Vous êtes si nombreux, leur as-tu dit, *qu'un seul de vos cris ferait tomber toute chaîne.*

Eh bien ! tu vas l'entendre, ce cri. Et l'aube qui fulgurait à travers ton regard infirme, tu vas en voir le jour s'épanouir.

Écoute le grondement de protestation qui ronfle aux gorges haletantes de tous les neutres.

Il veut faire explosion en ce cri unanime dont on désespérait. Quelques-uns l'ont poussé déjà. Les autres s'y préparent, ils étouffent à le retenir, et ils ne l'en pousseront que plus fort et plus triomphal.

Le miracle que tu appelais, ô fou, il est près de s'accomplir ; et toi seul auras été un sage en évoquant le jour où les Muets enfin se décideraient à parler.

————

(*Rousskoïé Slovo*, Moscou.)

LVIII

Le mauvais grain.

A nos frères Russes.

Le mauvais grain, c'est le grain qu'on a semé depuis quelque temps, chez vous comme chez nous, sournoisement, mais assidument, et adroitement, et par tous les moyens, pour étouffer le bon grain qui est en terre.

Le mauvais grain, c'est le grain dont l'herbe hâtive et pullulante est déjà en train de poindre, dardant toutes ses petites pousses vertes, pareilles à des têtes de minuscules vipères. Car il ne lui faut pas beaucoup de temps pour *lever*, à l'herbe du mauvais grain ; et les minuscules vipères seront bientôt des serpents gros comme le doigt.

Le bon grain, lui, est plus lent à germer. Il a besoin de dormir sous la glèbe un long somme, avant de risquer au dehors son nez frileux, qui craint à la fois le gel et les coups de soleil. Il sent et il sait, apparemment, qu'il doit d'abord prendre des forces dans le ventre maternel, au tiède abri, et s'y nourrir des sucs et des sels qui sont le sang même de la terre.

Aussi, quand il se décidera enfin à sortir, sera-t-il dru et gaillard, en solide paysan qu'il est. La tige de son herbe n'aura pas cette figure de petite vipère menaçante, qu'a l'herbe du mauvais grain. Elle se présentera tout de suite sous forme d'un chalumeau droit et robuste, destiné à porter un jour le poids substantiel d'un lourd épi de blé.

L'herbe du mauvais grain, il est vrai, arborera vite, à peine dressée sur sa queue de reptile, et tout en haut de sa tête triangulaire, des aigrettes et des panaches qui lui donneront des airs d'oiseau. Oh ! les jolies fleurs, si légères, si gracieusement dansantes à la brise, et de toutes les nuances! On dirait l'éparpillement d'un arc-en-ciel.

Le mauvais grain, une fois devenu le parterre

des herbes folles, vous en jettera la poudre aux yeux, de toutes ces aigrettes et de tous ces panaches multicolores Et vous vous en griserez peut-être, éblouis, charmés, pris jusqu'au cœur par cette joie éphémère. Et vous en oublierez le bon grain, étouffé dans le sol, et y pourrissant sous la luxuriante abondance des herbes folles.

Ou bien alors, si vous pensez encore à lui, si vous vous rappelez qu'il était le bon grain, si vous voulez le délivrer de ses parasites, et qu'il naisse, et qu'il vive, et qu'il devienne la tige qui doit porter l'épi, vous vous y serez pris trop tard. Le bon grain, resté sous terre, y sera un mort enterré.

Le mauvais grain, c'est le grain menteur, véné neux, redoutable, semé par ceux qui nous pro-mettent, au moyen de ses fleurs précoces et séduisantes, l'éclosion de la paix prochaine, si prochaine qu'elle ne peut pas être sérieuse. Car du mauvais grain il ne saurait sortir que des herbes folles, à la joie éphémère.

Mais le bon grain, c'est le grain pur, nourri-cier, adorable, semé voilà cinq mois par le miracle de la Marne, et qui depuis, sous terre, dans les tranchées, y prend des forces, pour devenir un jour le robuste chalumeau destiné à porter le lourd épi de blé. Car il faut ce blé, lui

seul, pas un autre, ce blé dur, ce blé de patience,
au pain sous l'espèce duquel nous communierons tous dans la paix durable, complète, définitive, absolue.

Oh! le beau pain d'or, en sentez-vous d'ici le
bon parfum savoureux? Et ne vous régalez-vous
pas à l'avance, avec délices, de le manger tous
ensemble, nous et vous, et vos frères slaves de
Serbie, et nos frères Belges et Anglais, tous unis
autour de la Sainte Table où notre fraternité
trouvera enfin son vrai sens? Car ce que nous y
consacrerons, c'est la religion de la Paix.

Certes, voilà bien ce que vous voulez, n'est-
ce pas, comme nous le voulons? Seulement,
pour le vouloir avec efficacité, sachez le vouloir,
comme nous le voulons aussi, avec toutes les
conditions qu'une telle volonté comporte. Ne
vous inquiétez pas de savoir si la paix sera prochaine ou lointaine. Ne lui demandez qu'une
chose, c'est qu'elle soit honorable.

Or, celle que nos ennemis appellent honorable, elle ne l'est que pour eux; elle est, par
conséquent, déshonorante pour vous et pour
nous. De celle-là, oui, et de celle-là uniquement,
ils sèment et font semer, chez vous comme chez
nous, le mauvais grain aux herbes folles, aux
fleurs hâtives et empoisonneuses, dont le pain

nous ferait vite la bouche amère et nous paralyserait le cœur avant même que nous eussions fini de le mâcher.

Le pain dont nous avons faim, le pain qui nous rassasiera, le pain sous l'espèce duquel nous devons communier dans la religion de la Paix, ne le laissons pas faire avec la mauvaise et traîtresse farine de nos ennemis, la farine issue de leur mauvais grain! Personne autre que vous et nous n'a qualité pour le faire, puisque c'est vous et nous qui aurons à le manger.

Nous le ferons donc, et il sera le beau pain d'or de la paix durable, complète, définitive, absolue. Mais à ce pain-là est nécessaire la farine du blé pur et dur, du vôtre et du nôtre. Mais à ce blé-là est nécessaire le bon grain qui doit dormir longtemps sous terre, et s'y nourrir des sucs et des sels lentement élaborés en elle et patiemment assimilés par lui. Et à ce grain-là, pour qu'il puisse germer et *lever*, pour qu'il donne le chalumeau robuste destiné à porter l'épi lourd, ce qui est nécessaire avant tout et par-dessus tout, c'est un sol propre, sain, qui ne soit pas encombré de plantes folles, de chiendent, d'ivraie, de toutes les vaines graminées dont les racines le corrompent en y pourrissant, dont les pousses foisonnantes le privent d'air et de soleil.

Il faut donc le sarcler, le nettoyer, l'aérer,
l'ensoleiller, ce brave sol où dort le bon grain. Il
faut en arracher au plus tôt la mauvaise herbe
qui déjà l'envahit. Il faut empêcher nos ennemis
d'y continuer leurs infâmes semailles.

Hélas ! c'est souvent, les perfides, par d'innocentes mains qu'ils y font procéder. Des mains
de chez vous et de chez nous, que nous ne pouvons soupçonner d'être leurs complices et de
nous trahir, mais qui sont cependant, sans le
vouloir ni le savoir, et par cela même, les plus
actives et les plus adroites ouvrières de leur sale
besogne.

N'êtes-vous pas de ces mains-là, ô mains qui
vous joignez en un geste de pitié suppliante
demandant grâce pour tant de familles qu'affli-
gent déjà tant de deuils, ô mains qui vous posez
avec des caresses de miséricorde sur tant de
blessures saignantes et qui les pansez par l'espérance d'une paix facile, ô mains qui écrivez des
phrases d'humanité attendrie suggérant des conseils de lâcheté ?

Ces phrases, c'est notre ennemi qui les dicte
ou les souffle. Ces pansements, c'est lui qui en
formule l'ordonnance. Ces gestes, c'est lui qui en
tient les ficelles, ô marionnettes insconscientes !
Il sait bien ce qu'il fait, en se servant de vos

mains pour propager le grain maudit. Il lui
donne ainsi l'air d'être le bon grain, puisque
c'est vous, si charitables, si doux, si nôtres, qui
en êtes les abominables semeurs.

Mais vous, pas plus que les autres, nous ne
vous permettrons pas de travailler pour notre
ennemi. Pas plus que ses journalistes et ses
professeurs, complices conscients, ceux-là, qui
sèment un mauvais grain pire encore que le
vôtre, en parlant de paix *séparées*, véritables
trahisons, et en affirmant que ces paix de honte
seraient des paix honorables.

Au point de la grande bataille où nous en
sommes, après que l'offensive de l'ennemi, puis
sa défensive, ont été bel et bien brisées, quand
l'Allemagne, si forte qu'elle puisse être encore,
se trouve encerclée sur terre et sur mer, à l'état
de place assiégée que réduiront fatalement le
fer, le feu, le nombre, l'usure, la banqueroute et
la famine, alors que le monde entier ne peut
plus être libre et vivre que par sa mort à elle,
une seule et unique paix s'impose, et nous ne
consentirons à aucune autre : c'est la paix définitive et absolue qui sera l'anéantissement de toute
guerre, puisque son article premier, indiscutable, essentiel, décrétera d'abord l'anéantissement de la puissance scélérate en qui la guerre

elle-même s'incarne aujourd'hui et réalise vrai-
semblablement sa dernière incarnation.

Tel est l'espoir invincible du monde entier.
Telle est sa volonté implacable. Et les semeurs
de mauvais grain auront beau faire, l'arrêt de
mort rendu par la Justice universelle sera exécuté. Après quoi nous communierons tous à la
Sainte Table, sous l'espèce du pain en or fait avec
le blé du bon grain, en le consacrant à la religion
de la Paix, de la divine paix, de celle que l'Allemagne a voulu assassiner pour toujours, de celle
que nous aurons, vous et nous, et vos frères
Slaves, et nos frères Anglais et Belges, ressus-
citée pour jamais, et dressée comme une icône
vivante sur la tombe où la Guerre et l'Allemagne
connaîtront enfin la douceur du *Requiescat in pace!*

POSTFACE

—

15 Août.

A tous les articles, à tous les discours, à tous les poèmes, à tous les sermons, à tous les livres, que l'on a faits et que l'on fera sur la guerre de 1914-1915, il ne saurait y avoir d'autre conclusion que celle par quoi le vieux Caton résumait toute sa pensée, condensait tout son vouloir et affirmait toute sa haine, à la fin de toutes ses harangues, en décrétant contre Carthage l'implacable arrêt dont l'Humanité doit frapper l'Allemagne :

« DELENDA EST. »

TABLE DES MATIÈRES

PARIS

IMPRIMERIE GÉNÉRALE LAHURE

9, RUE DE FLEURUS, 9

www.ingramcontent.com/pod-product-compliance
Lightning Source LLC
LaVergne TN
LVHW020100060726

842526LV00004B/965